Le … frang … nçais

Alfred Gilder
Un ouvrage dirigé par Jean-Joseph Julaud

FIRST Editions

Symboles

- ☠ faux anglicisme
- 💣 mot d'emploi aberrant
- △ mot trompeur
- ☺ divertissement sémantique
- ♥ gildérisme
- ❀ terme officiel recommandé
- 🕊 joli vieux mot
- 📢 mot d'argot
- 🎖 équivalent étranger
- 🗣 mot-valise
- 👓 homonymie fâcheuse
- ☛ synonyme

ISBN : 978-2-7540-5827-8
Dépôt légal : février 2014
Imprimé en Italie

Direction éditoriale : Marie-Anne Jost-Kotik
Édition : Laury-Anne Frut
Correction : Jacqueline Rouzet
Mise en page : Olivier Frenot

Éditions First, un département d'Édi8
12, avenue d'Italie
75013 Paris – France
Tél. : 01 44 16 09 00
Fax : 01 44 16 09 01
E-mail : firstinfo@efirst.com

Site internet : www.editionsfirst.fr

À Bernard Pigearias
L'ami des mots,
amoureux du français,
passionné de francophonie.

« J'ai écrit mes livres avec trois cents mots.
Tous les autres, je les ai inventés. »
FRÉDÉRIC DARD

«Boy, those French! They have a different word for everything.» (Steve Martin)

J'exprime toute ma gratitude à Rory J.-Clark pour sa relecture pertinente de ce livre.

Avis à la population

La mauvaise monnaie chasse la bonne : la loi de Gresham s'applique au vocabulaire comme à l'économie. Et nous avons bonne mine quand les Québécois nous demandent comment on dit ça en français.

Ce dico vous permet d'éviter le sabir atlantique et ses termes franglais parfois pédants, souvent polysémiques ou ectoplasmiques, euphémiques ou inintelligibles.

Pour être compris de tous, employez les mots français qu'il vous propose, surtout si vous voulez produire de l'effet !

Instructive, roborative et amusante, la lecture du Petit Gilder vous invitera à solliciter les ressources immenses et les nuances multiples de notre langue.

Bonne lecture.

A

Abribus®

GB: *Bus Shelter.* Le nom des marques déposées ne peut être utilisé que pour elles. Cela étant, *abribus* est absurde : l'abri ne protège pas le bus, mais ceux qui l'attendent. **Aubette** (Belgique), mot figurant au *Petit Larousse.*

ABS®

antiblocage des roues. ♥ Appareil de **b**onne **s**écurité. ☺ Appareil de **b**ricolage **s**écuritaire. **a.b.s. : abus de biens sociaux**

ADDICT

adonné à. GB : *addiction,* du latin *addictus* ☛ *geek.* Personne dépendante de la drogue ou d'une autre passion dévorante et aliénante : tabac, alcool, activité quelconque, boulimie, jeux vidéo, sexe… ❶ **accro, toxico-dépendant, drogué, toxicomane ;** ❷ **mordu, passionné, accro, fana, féru de, maniaque, toqué.**

ADJECTIFS & ADVERBES ANGLAIS

Le français manquerait-il d'adjectifs ou d'adverbes pour dire *clean, cool, easy, hard, flashy, fun, quick/ly, happy, hot, just, light/lite, punchy, pushy, quick/ly, short, smart, soft, speedy, touchy, trendy, sexy ?*

AFFIRMATIVE ACTION

action positive. GB : *positive discrimination ;* Canada : *employment equity.* **discrimination positive, nomination ethnique, quotaïsme**

communautariste, surdroits. Droits spéciaux accordés à une minorité. ♥ **diversitéisme**
Nomination d'une personne *issue de la diversité.* 🗣 **privilégiaturisme.** Avantages accordés aux résidents étrangers en situation irrégulière.

AFTER

après. Dernière étape d'une tournée des grands ducs. **après-boîte, dernier bar.** *L'après-boîte, le dernier bar, remplit les gosiers et vide le portefeuille.*

AFTER-SHAVE

après-rasage, **lotion après rasage, eau de toilette.** ☺ **aphtes-chèvre**

☠💣* AFTER WORK

après le travail. GB: *after work drink* ou… **apéritif.** Prise d'un verre entre collègues au sortir du bureau avant de rentrer chez soi. **avant-chez-soi**

Airbag®

sac d'air ❀ coussin gonflable ♥ **anti-mort.** *Les voitures sont équipées à l'avant d'un anti-mort.* ☺ **coussin-et-sauf.**

☠ AIR CONDITIONNÉ

conditionnement d'air. Calque d'*air conditionned.* **climatisation, clime.**

💣* Alcootest®

On ne teste pas l'alcool, mais le degré d'alcoolémie! **alcoomètre, ballon.** *Quand le chauffard souffla dans le ballon, l'alcoomètre faillit exploser.*

☠ ANTIDUMPING

❶ **contre-casse** des prix, **contre-bradage** des marchandises; ❷ **protectionnisme, clauses de sauvegarde.**

APPLET

❀ **appliquette, appli.** Mini-application informatique.

☠ AQUAPLANING

Non-adhérence des pneus à la chaussée quand elle est mouillée. ❀ **aquaplanage, défaut d'adhérence, désadhérence, aquaplane, hydroglissage, patinage automobile.**

ASSETS

❶ **biens, actif** opposé au passif d'une société. ❷ **atouts**

AT

chez, **arobase, @.**

☠ ATTACHÉ-CASE

mallette d'attaché (diplomatique). GB: *briefcase.* **valisette, mallette, porte-documents, valise diplomatique** (Congo-Zaïre).

AUDIMAT®

Médiamétrie®, course à l'audience, mate-audience, sondocratie.

☠△ AUDIT

Du latin *auditus*: chose entendue. Un *audit* ne s'y limite pas.

❶ **révision, contrôle, expertise comptable;**

❷ **vérification, investigation, contrôle, enquête, évaluation, expertise.** ☛ *check-up*

AUTO-STOP

arrêt d'auto. GB: *hitch-hiking* ☛ *stop.* **cocagne** (Antilles). *Voyager en cocagne.* **pouce** (Québec). *Voyager en pouce.*

AWARD

de guerdon: récompense. **distinction honorifique, récompense, trophée, prix, victoire.** *Les Victoires de la musique. Les Césars* et *les Oscars, deux bons guerdons.*

B

BABY: ❶ **bébé, poupon, nourrisson, bambin, tout-petit, enfant à la mamelle**; ❷ **chérie, nana, pépée, môme, nénette, choupette,** **gonzesse.**

BABY-BLUES: **dépression périnatale, dépression post-partum, cortisolite.** Période de dépression et d'anxiété qui suit l'accouchement, due à la fatigue et aux responsabilités maternelles nouvelles.

BABY-BOOM: boum des bébés, **explosion nataliste, pic de la natalité, pouponnite, oursonnite, printemps démographique, lapinisme, revanche des berceaux** (Québec).

BABY-BOOMERS: **génération d'après-guerre.** *La génération d'après-guerre a vieilli.*

BABY BUMP: **ventre arrondi, ballon.** *Elle a le ballon.* **polichinelle dans le tiroir** (Belgique).

Babyliss®: **brosse soufflante, fer à friser,** ♥ **bigoudeur.** *Le bigoudeur frise les bigoudis des Bigoudènes.*

BABY-SITTER: **gardien, bonne d'enfants, nounou, nénène** (île Maurice), **jeune fille au pair** ☺ **langes gardiens** ☺ **intérimère.** *Hilde est une bonne intérimère.*

BABY-SITTING: veille-bébé, **garde, gardiennage d'enfants, maternance,** ♥ **nounouage,** ♥ **sauf-maman** (double sens de *sauf*: sans et sans porter atteinte, intact), **kangourou** métaphore espagnole.

BACKGROUND

➊ **arrière-plan, toile de fond, décor, fond de décor, cadre, contexte, ambiance;** ➋ **origines, antécédents, expérience, références, acquis, rétroactes** (Belgique).

BADGE

♥ **bage, marque-nom, insigne, macaron** (Québec), **laissez-passer, dosimètre** dans les centrales nucléaires.

BANG

➊ **boum, pan!** ➋ **déflagration, détonation, explosion.** ➌ **coup** (en amour).

☺ BANKSTER: **banquignole** ☛ *trader*

BAR

barre de comptoir, **comptoir, zinc, débit de boissons, café, buvette, troquet, mastroquet, estaminet, caboulot.** *Le doux caboulot fleurit sous les branches.* **caberdouche** Belgique, **tapis-franc** cabaret mal fréquenté. *Les arêtes du bar sont moins dangereuses que les arrêts au bar.*

BARBECUE

de l'arawak *barbacoa*, d'où **barbaque**. Mot comique : **barbe-cul**. Pourquoi pas **barbe-fesse** ? Sa prononciation anglaise et la référence à barbaque induisent **barbequiou**. **braisier**, **grilloir à viande**, **braisoir**, **grilauvent**, **rôtissoire**, **boucan**, **feu de bois**, **braserade** (Savoie), **pierrade**, viande cuite sur une pierre chaude ☺ *Quand on grille trop la viande, la pierrade donne à manger des cailloux.*

BARMAN

serveur, **garçon de café**, **garçon**, **bistrotier**, **gargotier**, 🕊 **buffetier**, **sommelier**, **échanson** : celui qui verse à boire. 🕊 **garçon cabaretier**, tableau de Chardin.

💣 BASHING

action de frapper, de cogner. Mot apparu quand Bush fils fit du *French bashing*. Ce *bushing* fut pratiqué à fond aux États-Unis quand Jacques Chirac refusa d'aller en guerre en Irak. Les Français non masochistes préféreront **éreintement**, **démolissage**, **dénigrement**, **attaque en règle**, **débinage** 📢 **cassage de sucre**, **insultes**, **clouage au pilori**, **acharnement**, **flétrissure**, **fustigation**, **stigmatisation**, **entreprise de démolition**, **persécution**, **diabolisation**, **démonisation**. *Faire du bashing* : **éreinter**, **dénigrer**, **débiner**, **casser du sucre**, **débiner**, **s'acharner sur**, **mettre au pilori**, **flétrir**, **stigmatiser**, **diaboliser**, **fustiger**, etc.

BATTLE-DRESS

costume de bataille, **blouson militaire**, **blouson de toile**, **treillis**, **tenue de combat**, **de campagne**.

BBC

☺ britannique bonne chaîne

BEACH

❀ **sur sable.** Les Anglais mettent *beach* avant le nom des sports de plage : *beach volley-ball, beach hockey, beach handball, beach tennis, beach soccer, beach rugby.* Le terrain de sable est la caractéristique commune : **sur sable** est donc approprié pour les qualifier. De même qu'on dit *hockey sur gazon, sur glace* ou *sur parquet, tennis sur gazon, terre battue* ou *surface synthétique*, on dira **hockey sur sable, tennis sur sable, volley sur sable,** etc. Et, le pratiquant sera nommé **volleyeur sur sable, hockeyeur sur sable, joueur de tennis sur sable...**

BEATNIK

de *beat*, **vaincu**, écrasé, **foutu**, **crevé** et du suffixe slave *nik*, américanoïde raccourci de *beat generation*, **génération fichue**, celle incarnée par l'œuvre de Jack Kerouac *Sur la route*, William Burroughs, *Le Festin nu* et Allen Ginsberg, *Howl* (Hurlement). **anticonformiste, contestataire, marginal, crevard, trimard, clochard céleste** (Jack Kerouac). ☛ *hippie*

BED AND BREAKFAST●

lit & café, Café Couette® 🗣 **nuit-thé.** *Nous passâmes à l'hôtel une nuit-thé délicieuse.*

BEEFSTEAK ou STEAK

tranche de bœuf. Plat national français orthographié ainsi pour honorer la cuisine d'outre-Manche, dont nous raffolons. **bifteck, biftec, bif** appellation courante, **biftèque.** *Un biftèque épais* (Chateaubriand).

Depuis le scandale Spanghero, **bif de cheval** n'est plus un oxymore mais un pléonasme.

💣* BENCHMARK/BENCHMARKING

marquage de banc, seuil de comparaison, de référence
➊ **comparatif, banc d'essai comparatif, analyse comparative, évaluation-comparaison, comparateur.** *Un comparateur de prix.* Processus d'analyse comparative en vue de recourir aux meilleures pratiques afin d'améliorer les performances d'une entreprise ; ➋ **référencement, référentiel, étalonnage, parangonnage.**

💣* BEST-OF

le meilleur de. Ce *besticide* décime cette gamme de mots de bel et bon aloi : **florilège, bouquet, compilation, compil', sélection, morceaux** ou **scènes choisis, succès, triomphes, anthologie, analectes, pot-pourri, rétrospectives visuelles, meilleurs moments, meilleures chansons, bonnes séquences.**

💣* BESTSELLER : le mieux vendu

Autre *besticide.* ➊ **succès de vente, succès de librairie, record de vente, gros succès, tabac, florès livre à succès, à gros tirage, gros tirage, coup de librairie, gros coup, bien vendu, très vendu, livre-événement, livre en tête des ventes, tête de gondole** ; Harry Potter *fait florès.* ➋ **littérature de gare, paralittérature, livre à deux sous, bouquin de ménagère,** 🗣 **livresse.** *Le succès de librairie le mit sous l'emprise de la livresse.* ☺ écartelé. Pourquoi ? Parce qu'il connaît un grand tirage ! ☞ *blockbuster*

BIG BANG: grand boum

❶ explosion première, soupe primordiale, chaos, première seconde (Hubert Reeves); ❷ onde de choc, déflagration, séisme, grand chambardement, choc en retour, charivari, table rase.

BIKER, ☠ BIKEUSE

motard(e), loubard(e), ♥ harley-davidsonneur/davidsonneuse. *BB a laissé l'image d'une harley-davidsonneuse de rêve.*

☠ BIN'S

binz. de *cabin's* pour **cabinets. binz, bazar, pagaille, pétaudière, souk, chambard, foutoir, bordel.**

☠ △ BITTER

Liqueur apéritive fabriquée par infusion de plantes amères.
Si, en Angleterre, vous demandez un *bitter* on vous servira une bière et non un **amer**. Avant guerre on buvait de l'amer Zoulou, après de l'Americano.

BLACK

Américanisme euphémique pour **Noir, Africain, Sub-Sahélien, Maure** (mot datant des Barbaresques), **Afro-Américain, Afro-Européen, Cafre** (Noir d'Afrique austral), **Malabar** (Noir indien), **Nubien** (Noir d'Égypte), **Abyssin** (Éthiopien) 🗣 Négropolitain Lansi Koko, **Afrodite** (A. Bouyer, *Le Petit Illittré*), **Nègre** (mot disqualifié) ☺ **Beur Noir** (Noir d'Afrique du Nord). *Ce raciste regardait d'un mauvais œil les Beurs Noirs.* Appellera-t-on les Blancs des **White**?

BLACKBOULER

refuser par un vote, repousser. Quand ils votaient jadis, les Anglais approuvaient avec une boule blanche, refusaient avec une noire : *black ball.* ❶ **renvoyer, envoyer au tapis, évincer, écarter, remercier, licencier, virer, congédier ;** ❷ **bouler, retoquer, recaler à un examen, se faire ramasser, déchouquer** (Haïti). *Le chef des tontons macoutes a été déchouqué.*

BLACK-OUT

occultation des lumières

❶ **noir complet, extinction des lumières, obscurcissement, déséclairage, éteignoir, couvre-feu, obscuration** (Belgique) ♥ **noir-de-guerre.** *Pendant le Blitz, Londres arbora stoïquement le noir-de-guerre ;* ❷ **occultation, silence, silence radio, silence gardé, embargo, censure.**

faire le BLACK-OUT : occulter, étouffer, cacher, dissimuler, garder le silence, mettre l'embargo, censurer, s'autocensurer.

BLAZER : veste flamboyante. Comment se crée un mot ? Celui-ci résulte de la visite en 1887 de la reine Victoria au *HSM Blazer*, vaisseau de la *Royal Navy*. Elle encouragea alors la confection, et le port par toute la marine anglaise, de cette veste en drap de laine croisée à 6 ou 8 boutons d'argent, que portait l'équipage. ♥ **blazeur, blazaire** ou **blasère** ? **veste croisée** bleu marine ☺ Godefroi de Bouillon seul chevalier ayant porté une veste Croisés. ➰ **blaser.** *De porter toujours un blazaire ils se blasèrent.*

BLISTER

ampoule, cloque, de 🕊 **blestre**. GB : *blister pack*. Pellicule plastique transparente recouvrant un objet, en particulier un magazine.

emballage coque, coque plastifiée, coque, soufflure, bulle d'emballage, emballage bulle, emballage transparent ♥ blistre. *Une revue vendue sous blistre.*

BLOCKBUSTER: bombe de gros calibre ☛ *best of.*

Énorme obus destiné à détruire les casemates allemandes puis, par métonymie **superproduction d'Hollywood** qui écrase le marché du cinéma. **supersuccès**: pièce, livre, film, médicament, produit sécrétant gros succès, gros chiffre d'affaires, gros profits.

BLOG

de Web *log*, *log*: registre, journal ❀ **bloc-notes, blogue** (Québec) d'où **bloguer, blogueur, bloguage**.

BLUEJEANS

bleu de Gênes ☺ Rencontre d'un tissu, la serge de coton ou toile de Nîmes (EU: *denim*), et d'une couleur; l'indigo ou bleu de Gênes, d'où ce **pantalon de coutil, bloudjinnze** (R. Queneau, *Zazie dans le métro*), **bloudgine** (Marcel Aymé, *Les Quatre Vérités*). ☛ *jean*

BLUES (avoir le)

de *blue devils*, diables bleus. **vague à l'âme, cafard, déprime, mélancolie** (comme le blues), **idées noires, bleus** (Québec). *Les bleus, ça donne des idées noires.* **blouse**

△ BLUFF

♥ **blœuf, esbroufe, épate, flafla, faux-semblant, frime, jeu d'apparence, chiqué, illusion, tromperie, supercherie, biaisement, bonneteau, piperie, vantardise, baratin, du flan, audace, culot, intimidation, chantage** **falace, bigu, beau-semblant** (K.-J. Huysmans).

△ 💣* BOAT PEOPLE

gens du bateau. Construit par opposition à *beautiful people*, d'où notre *people*. Euphémisme irrecevable pour une réalité tragique, confondant embarcation et embarqués: ❶ **bateau de fortune**, **radeau-refuge**, **rafiot d'exil**, **jonque du désespoir**, **sampan de la mort** ♥ **exodier** ♥ **esquif de fuite**; ❷ **peuple-en-mer**, **fugitifs** ou **naufragés de la mer**, **risque-océan** ou **brave-les flots**, 🎖 **barcèle** pour les fugitifs cubains, *barcelos* en espagnol.

BODY

GB: *body-stocking* ❀ **maillot-bas**, *Elle portait haut son maillot-bas.* **dessous-dessus**, **moulant**, **corset**, **justaucorps**, **juste**. *Son dessus-dessous m'émoustilla.*

BODY-BUILDING: construction du corps, **culturisme**, **musculation**, **gonflette**, **musclette**, **surmusculation**, **pectoralisme**, **pectoro-deltoïdisme**, ♥ **héracléisme** (d'Héraclès, modèle du genre) ☺ **beau débile dingue.** *La gonflette exagérée, c'est beau, débile, dingue, encore plus chez les femmes.*

BOOM

❶ **boum**; ❷ **bond**, **essor**, **expansion**, **reprise des affaires**, **hausse**, **prospérité**, **flambée des prix**, **coup de chauffe de l'économie**; ❸ **fête**, **partie de surprise**.

BOOSTER

de 🕊 **bouster**, bouter ❶ **bouteur**, **propulseur auxiliaire d'une fusée**, **impulseur**, **lanceur**, **pousseur**; ❷ **bouter**, **stimuler**, **dynamiter les ventes**, **donner un coup de fouet**.

personnalité BORDERLINE

trouble de la personnalité limite ou **TPL**, **état limite**, **cas limite**, **pathologie limite**, **à la limite de l'acceptable**. **L 122-2** Article du code pénal selon lequel n'est pas pénalement responsable une personne qui a agi sous l'empire d'une force ou d'une contrainte à laquelle elle n'a pu résister.

BOSS / BIG BOSS

chef, **patron**, **employeur**, **directeur**, **président**, **supérieur hiérarchique** dans l'administration 📢 **négrier**, **singe**, **pompe-la-sueur** ✍ **bosse**

BOULINGRIN

bowling-green donna **boulingrin**, *bow-sprit* **beaupré**, *bull-dog* **bouledogue**, *calico* **calicot**, *cutter* **cotre**, *hackney* **haquenée**, *Herle King* **arlequin**, *kerling* **carlingue**, *limster* **limestre**, *mildew* **mildiou**, *packet-boat* **paquebot**, *patch-leaf* **patchouli**, *partner* **partenaire**, *riding-coat* **redingote**, *yeah-yeah* **yé-yé**, *whoopee* **youpi**… Que revienne ce temps heureux où nous moissonnerons à pleines brassées ces transcriptions bienvenues. Je mets sur les fonts baptismaux ♥ **bizenèce**, **blœuf**, **blogue**, **clœube**, **coquetel**, **foute-balle**, **burgueur**, **maquedot**, **ouèbe**, **ouikende**, **pineupe**, **pipole**, **ruguebi**, **touite** et bien d'autres mots consignés dans ce dico. Plaise à l'Académie française de les accepter !

BOW-WINDOW

fenêtre en saillie sur une façade, **oriel**, **balcon vitré**, **ressaut**, **encorbellement** 🕊 échauguette, **bretêche** (Belgique), **bovindeau** (Remy de Gourmont) 🎖 **mirador** en espagnol

BOX

❶ **boîte**; ❷ **banc** des accusés; ❸ **cellule, logette, réduit**; ❹ **garage fermé, place de garage, emplacement**; ❺ **stalle** pour les chevaux.
boxe

BOY

garçon, **employé de maison, domestique, laquais, serviteur, cuisinier, factoton, esclave, danseur de variétés** dans une troupe musicale.

BOYCOTTAGE

❶ **mise en interdit, en quarantaine, grève des achats, refus collectif, torpillage, sabotage, blocus**;
❷ **mise à l'index, pression morale, ostracisme, refus de participer à quelque chose, abstention électorale.**

BRAINSTORMING

tempête cérébrale, crâne-tempête **remue-méninges**: paronyme spirituel de remue-ménage, trouvé par Louis Armand. **déchaînement des idées, effervescence créative** ♥ **cogitance, phosphorage, gambergeade, essore-neurones, fête pensante pour têtes pensantes** **chamaïeutique**: art socratique d'accoucher les idées. **onanité** (Jacques Audiberti) vaine masturbation intellectuelle.

BRAIN TRUST ☛ *think tank*

conseil des têtes, collège des experts, groupe des conseillers, équipe des spécialistes, aréopage.

BREAK

interruption d'une action ❶ **brèche, balle de brèche, bris d'égalité, jeu décisif, départage** ☛ *tie-break*; ❷ **arrêt, pause, halte, temps**

mort, détente, interruption, coupure, rupture; ❸ **berline familiale, fourgonnette.**

BREAKFAST

ce qui rompt, *break*, le jeûne, *fast*. **petit déjeuner à l'anglaise, p'ti déj', collation matinale, frichti** (Alsace), **frustulum.**

BRIEFING ou BRIEF

de **bref. breffage** (Québec), **point, séance, réunion de synthèse, tour d'horizon, commentaires, explications, instructions, exposé, conférence, consignes, recommandations.**

BROWSER

feuilleteur **navigateur, logiciel de navigation**
Logiciel qui permet de se déplacer d'un service à un autre ou à l'intérieur d'un service donné et ainsi d'accéder aux ressources accessibles sur la Toile.

BRUNCH

breakfast + *lunch*. **grand petit déjeuner, déjeunette, buffet matinal, petit déjeuner gastronomique,** frichtôt. frichti + *Früstück*, *brunch* en allemand.

BRUSHING

mot qui décoiffe. GB: *blow dry brushing* signifie nettoyage de haies! Un Anglais n'aurait pas eu l'inintelligence de déposer une marque pour un participe présent. Bornes franchies, les barbiers peuvent remplacer **barbu** par **pogonophore**, du grec *pogono*, barbe et *phore*, porteur, mot figurant au *Dictionnaire national* de 1856, signé Bescherelle! **thermobrossage** (séchage mèche après mèche d'une chevelure, afin de lui donner flou et volume). **brochage-séchage, mise en plis, coup de peigne,** ✄ **pimpreloche** (façon d'accommoder les cheveux).

BUDGET

de ✄ **bougette** (sac de cuir où le trésorier mettait l'argent. Suspendu à la selle du cheval, il y *bougeait*). ❶ ✄ **état de prévoyance, état prévisionnel des recettes et des dépenses, plan de financement, loi de finances, pompe aspirante et refoulante,** ☺ **coup de j'arnaque** Roger Little ☺ **coût d'État** ☺ **but-de-jet** ou **but-d'jet.** Action des politiciens français dont le péché mignon est de jeter l'argent public par les fenêtres; ❷ **escarcelle, cagnotte, cassette, tirelire, bourse plate, panier percé, tonneau vidé;** ❸ **moyens, finances, financement.**

BUG

insecte ❶ ❀**bogue, raté** de l'informatique; ❷ **défaillance, panne, coquille;** ❸ **anomalie, défaut, vice caché, dysfonctionnement.**

BUILDING

construction, immeuble, bâtiment, bâtisse, édifice, gros édifice (Québec), **tour, IGH, gratte-ciel.**

BULLDOZER

❀ **bouteur, bouledoseur, pelle mécanique, tractopelle** ✍ **bulles d'oseur**

BUNGALOW

du hindi *Bangla*, Bengale ❶ **maison du Bengale, maison indienne, bangala** orthographe du temps des Indes françaises ♥ **bingalette, bongalove** Blaise Cendrars; ❷ **maison de campagne, maisonnette,**

pavillon, villa, chalet, chaumière, chartreuse, bicoque, paillote, cabanon. *À Marseille, les cabanons occasionnent des bains-galops.*

☠ BURN-OUT

grillé. **épuisement professionnel ♥ épuisé.** *Elle est victime d'un épuisé* ☺ faire suer le burnoute !

🕊 💣 BUSINESS : affaires, de besogne

❶ tâche, activité, occupation, travail ; ❷ affaire, affaires ; ❸ entreprenariat ; ❹ situation compliquée, sac de nœuds, embrouille, embrouillamini ; ❺ affaire louche, trafic, carabistouille.

BUSINESS CENTER : **centre d'affaires**

BUSINESS CLASS : **classe affaires**

BUSINESS ETHIC : **déontologie, éthique professionnelle**

BUSINESS GAME : **jeu d'entreprise**

BUSINESS HISTORIAN : ☺ **agiographe**

BUSINESS INTELLIGENCE SERVICE : **veille économique, espionnage industriel**

BUSINESS IS BUSINESS : **les affaires sont les affaires**

BUSINESS PLAN : **projet d'entreprise**

BUSINESS POLITIC : **stratégie d'entreprise**

BUSINESS SCHOOL : **école de commerce**

BIG BUSINESS : **grand capital, monde des affaires, grosses affaires, haute finance** 🕊 **ploutocratie,** les **cent familles,** les **patrons du CAC 40.**

BUSINESSMAN : 🕊 **besogneur, homme d'affaires, monteur, brasseur d'affaires** 🕊 **chevalier d'industrie.**

BUSINESSWOMAN : 🕊 **besogneuse, femme d'affaires.**

BUZZ

bourdonnement d'insecte, ce dont on parle. Technique mercatique: bruitage autour d'un nouveau produit, d'une offre, d'un événement, d'une célébrité, d'un livre… bzz. ❶ **mercatique virale**; ❷ **rumeur, ouï-dire, bouche-à-oreille** suscité par une nouveauté, **potin, commérage, cancan**; ❸ **ramdam, tam-tam, battage médiatique, bruit de fond**; ❹ **cigarette de cannabis.** ✍ **buse**

C

♣ Caddie

de ✿ **cadet.** GB: *shopping trolley.* EU: *caddy cart.* **chariot** de courses, **voiturette, poussette** (Belgique), **cadichon.** Petit chariot, de marque Leclerc. *Le chariot Leclerc monte à l'assaut.* **patinette norvégienne**: poussette de supermarché scandinave en bois montée sur deux patins d'acier, et non comme le pensait San Antonio, une des positions du *Kama Sutra.*

♣ CAKE

GB: *fruit-cake.* **gâteau aux raisins, gâteau aux fruits** (Québec), *pancake* fut francisé ✿ **pannequet.**

CALL-GIRL

fille de rendez-vous. Prostituée de luxe qu'on rancarde au téléphone. **pute de luxe, téléphone rose** (surnom donné à ce genre de cadeau d'entreprise et titre d'un film où Mireille Darc tient le rôle d'une pute de luxe). ☺ **phonambule** ☺ **téléfaune** ☛ *taxi-girl*

CALQUES SÉMANTIQUES

Ils amusent, tel : ce n'est pas ma tasse de thé/*It's not my cup of tea*. En France, mieux vaudrait dire : ce n'est pas mon verre de beaujolais ! Ils sont utiles : **forteresse volante**/*flying fortress*, **gratte-ciel**/*sky-scrapper*, **chemin de fer**/*railway*, **été indien**/*Indian summer*, **livre de poche**/*pocket-book*… ou acceptables, tels : **mettre la pédale douce**/*to play on the soft pedal*, **donner le feu vert**/*to give the green light*, **la cerise sur le gâteau**/*the cherry on the cake*, ou au Québec **tomber en amour**/*to fall in love*. En revanche, ces idiomatismes sont critiquables lorsqu'ils défient le génie du français comme ici : le jour d'avant, le jour d'après/*the day before, the day after* au lieu de la veille, le lendemain, Jésus était son nom/*Jesus was his name* au lieu d'Il s'appelait Jésus, le point de non-retour ou le radiophonique : il est huit heures passées de cinq minutes/*It's eight past five* au lieu de : il est huit heures cinq.

CAMERAMAN

⊛ **cadreur**, **opérateur de prises de vues**, **filmateur** Jacques Audiberti, **vidéaste** (terme qui distingue le travail en vidéo par rapport au cinéma).

☠ CAMPING

GB : *campsite, camp ground*. **campisme**, **camp de vacances**, **hôtellerie de plein air**, **campigne.** *Et ce campigne ? Vous allez finir par me dire où il perche ?* R. Queneau, *Les Fleurs bleues*. Que **campigne** fasse décamper *camping* et autorise **campigner**, **campigneur** et **campignage** ! **hôtel des courants d'air**, 🗣 **vacampe.** *Fréquenter un village-vacampe.* **flots-bleus.** Vacampe au bord de la mer et hommage au film y afférent.

♜ CAMPING-CAR

GB: *camper van*, EU: *motor home*. **caravanette** ❀ **auto-caravane.** *Beaucoup d'auto-caravanes emplissent le campigne.*

♜ CAMPING-GAZ®

réchaud à gaz portatif, ♥ **réchaud de campigne,** 🗣 **gaziniair.** *Le gaziniair Brûl'bien ne manque pas de souffle.*

CANADAIR®

avion-pompier, pélican. bel équivalent de la Protection civile, 🗣 **bombardeau.** *L'avionneur canadien Bombardier fabrique les bombardeaux.* 🗣 **pélicanadien.**

CANYONNING

canyonisme, descente de torrents ou **de gorges,** dévalaison.

CARAVANING

voyage en caravane

❀ **caravanage, campisme-caravanisme, tourisme en caravane** ♥ **escargotisme** ☺🗣 **car-à-vacances.**

CARE

médical, santé, soins, traitement.

CAR-FERRY ☛ *ferry-boat*

CARSHARING ou CARPOOLING

covoiturage.

♞ CARTOON

carton. EU: *animated cartoon.* **album de dessins animés, dessin animé** ☺ **traite des planches** *Libération.*

CASH

argent liquide, espèces, numéraire, comptant, rubis sur l'ongle.
△ CASH-FLOW: flot d'argent. Flux de liquidités créé par les activités d'une entreprise, argent liquide qui lui reste en déduisant toutes les charges décaissées. Indicateur de sa solvabilité, de son aisance financière. ❶ **flux de trésorerie, capacité d'autofinancement, fonds de roulement, liquidités** ❀ **marge brute d'autofinancement**; ❷ *sens anglo-saxon*: **profits, bénéfices, bénéfice consolidé** ☺ **cache-flot.** *Le cache-flot, on le montre.*

CASTING

❶ **choix des comédiens** au cinéma, au théâtre; ❷ ❀ **distribution artistique, affiche**; ❸ **attribution des rôles** politiques ou sociaux.

CENTER

centre. GB: *centre*, EU: *center*
ASSESSMENT CENTER: **méthodes d'évaluation de potentiel**
AUTO CENTER: ♥ **voiturerie**
BUSINESS CENTER: **centre d'affaires**
CALL CENTER: **centre d'appels**
CALL CENTER: **voiturerie**
CENTER PARC®: **village-vacances**
CUIR CENTER®: ♥ **cuirerie**
DATA CENTER: **centre de traitement de données**
EROS CENTER: ♥ **sexerie**
GARDEN-CENTER: **jardinerie**

HOME-CENTER: **maisonnerie**
SHOPPING-CENTER: **centre d'achats**
TRADE CENTER: **♥ commerciopole**
USINE CENTER®: **magasin d'usine**
WORLD TRADE CENTER: **Tours jumelles**

❦ CHALLENGE

À l'origine, **réclamation, contestation, prétention à quelque chose.** Charles VIII déclara en 1456 qu'il vivrait et mourrait en défendant le royaume de France, et laissa entendre que [si l'Anglais] voulait **challenger** la couronne, il montrerait bien par le droit qu'il en était plus proche que le roi d'Angleterre. Henri Martin, *Histoire de France.*
❶ défi, envi, gros risque; ❷ entreprise hardie; ❸ enjeu, objectif.
❦ **CHALLENGER: chalengeur ❶ postulant, prétendant, candidat; ❷ concurrent, affronteur, adversaire, rival, défieur.**

△ CHARITY BUSINESS

affaires de la charité, économie humanitaire, **industrie de la charité, philanthropie,** économie caritative, **commerce caritatif, argent de l'humanitaire, générosité organisée, ♥ samaritanisme** de samaritain, personne qui se montre secourable, œuvre **de bienfaisance ♥ théléthonisme, bazar de la solidarité** L. Blériot, **trafic de la bienfaisance,** ☺ parfois **bénévol.**

☠ CHARTER

GB: *charter flight.* **vol affrété, charteur** (Québec), **vol à la demande,** ❦ **vol nolisé,** de **nolise.** Louage d'un bateau, puis d'un avion, pour le transport de personnes ou de marchandises.

CHAT prononcé tchatt'

Discussion informelle sur Internet, par échange de messages affichés sur l'écrans ♥ **tchatche en ligne, cybercercle** 🗣 **clavardage** *clavier* + *bavardage* (Québec).

CHECK-IN

enregistrement. Enregistrement des passagers et des bagages dans un aéroport.

△ CHECK-LIST : Ce n'est pas la *liste des chèques*, mais la récapitulation des instructions à exécuter, en particulier avant qu'un avion décolle. ❀ **liste de vérification, liste** ou **bordereau de contrôle, pointage, pense-bête, guide-âne.** Recueil d'instructions propres à guider dans un travail. 🗣 inventair. Allusion au monde de l'aéronautique.

CHECK-POINT : ❀ point de vérification, **poste de contrôle, barrage, barrage-contrôle, barrage routier.**

CHECK-UP : **vérification** ou **examen général, complet, approfondi, détaillé,** ❶ ❀ **bilan de santé, examen médical complet** ; ❷ **examen de la situation financière** d'une entreprise.

CHERRY, CHERRIES : cerise

liqueur de cerise, cerise-brandon. ☞ **chéri**, *sherry*

CHEWING-GUM

gomme à mâcher, gomme mastique, mâchouillon (Académie des enfants), **chiclette** (Suisse), **chiclet** (Belgique), **chique de gomme** (Louisiane), 🕊 **sem sem gomme :** transcription par les Poilus quand les Américains leur en offrirent en 1917. **chouimme-gomme** R. Queneau, **chouinnegomme** Cavana.

☠ CHIPS

copeaux, rondelles. GB: *crisps*, EU: *potatoes chips*. **croustilles**.

☠💣 CHRONOPOST®

après le temps. Mot absurde: post signifie **après** en latin. Mieux vaut que le colis arrive à temps. Plus judicieux: **Colis-à-temps** ☺ **En temps et allure**.

CITY CAR

voiture de ville, voiture urbaine, **citadine.** *En ville, une citadine est plus économe qu'une routière.*

💣 CLASH

choc, heurt, esclandre, accrochage, affrontement, éclat de voix, dispute, altercation, grabuge, querelle, algarade, chamaillerie, bisbille, noise, conflit, désaccord violent, dissension, trifougnée (Suisse), **brette** ou **margaille** (Belgique), **discute** (Togo), **aillade** (Aquitaine) ✍ **clache**

△ 💣 CLASS ACTION

Ni *action de classe*, ouvrière par exemple, ni *action collective*, définie dans le code travail, mais **action de groupe**.

L'action de groupe manque parfois de classe. Action de contestation ou de revendication menée par un groupe d'actionnaires, voire de consommateurs.

CLEAN

propre, propret, net, immaculé, sans tache, soigné, impeccable et même deux peccables parfois.

CLIP : extrait

❶ **pince, agrafe, trombone, attache, épingle** ; ❷ **bijou, broche** ; ❸ œuvre multimédia pour promouvoir une chanson : **vidéo promotionnelle, vidéochanson** ; ❹ **petit dessin** ou **symbole** pour illustrer ; ❺ ♥ **réclamette**.

CLOUD COMPUTING

nuage informatique. Utilisation de serveurs distants, en général accessibles par Internet, pour traiter ou stocker l'information. **nuage, infonuagique** (Suisse).

CLOWN

bouffon, pitre, comique, guignol, farceur, amuseur, fantaisiste, rigolo, mariole, gugusse, paillasse, auguste, polichinelle **triboulet.** *Triboulet était le bouffon de François Ier.*

CLUB

♥ **clœube, cercle, amicale, assemblée, cénacle.**

CLUBBER : ♥ **clœubiste, fêtard de nuit, noctambule** **noctamboîte.** *Les noctamboîtes sont des fetards de nuit.*

CLUSTER

grappe **pôle de compétitivité, groupe, pôle, technopole.** Lieu où se trouvent des entreprises de pointe.

COACH/COACHING

coche ❶ **mentor/mentorat, assistant/assistance professionnel(le), accompagnement professionnel, moniteur/monitorat,** **accompagnement individuel** (Québec) ; ❷ **entraîneur, sélectionneur** ; ❸ **précepteur/préceptorat, tuteur/tutorat, formateur/**

formation ☛ *training*; ❹ répétiteur/répétition; ❺ instructeur; ❻ conseiller, gourou.

COCKPIT

fossé pour combat de coqs. **cabine de pilotage, cabine, carlingue, poste de pilotage, poste pilote, verrière, baquet, habitacle,** 🔊 **baignoire.**

COCKTAIL: queue de coq

❶ *mélange de boissons alcooliques*: **panaché** et **ripopée** sorti de l'usage ♥ **coctel, coquetèle, coquetel, coq-taille** San Antonio; ❷ *réunion où l'on boit ensemble*: **pot, vin d'honneur, verre de l'amitié, apéritif, réception, apéritif déjeunatoire** ou dînatoire, **verrée** (Suisse), **saucisson-vin rouge, pince-fesses** Coctel où la tenue est relâchée. **rastel** Midi, ☺ Un *coctel*, des Cocteau, André Breton ☺ **séance-pot**: à cette séance-pot, les conversations portèrent sur la science et la politique; ❸ *mélange de choses disparates*: **mélange, mixture, salade, pêle-mêle, méli-mélo, bric-à-brac, salmigondis.**

COCOONING

mise sous cocon, **coconnage, coconné, coucouné, chaude-maison, chaud chez-soi, intimisme, pantouflette, claquemurage, cloîtrage, encalminage, calfeutrage, casaniérisme, renfermement, alcôvisme, tout-à-domicile** **recroquevilla.** *Le recroquevilla l'avilit.* ☺ **domotic.** *Le domotic est une sale manie.*

COLLECTOR

collectionneur. GB: *collector's item.* **objet de collection, chose de valeur, de haut prix, perle rare, objet-culte.** *Le collectionneur d'objets-culte est un collecteur de goût, non d'égout.* ☛ *must*

COME-BACK

revenir, **retour, rentrée, réapparition, retour sur les planches, reprise de carrière, retour en vogue, regain de faveur, de popularité, désoubli, déséclipse, ♥ me-revoilou !**

COMING-OUT

sortie du placard. Le fait de s'ouvrir de son homosexualité ou d'autre chose. **révélation, dévoilement, affichage, confession** ☺ ♥ **plaidoyer pro homo** ☛ *outing*

CONCEPT-CAR

voiture-concept, voiture expérimentale
Automobile servant d'étude à un modèle de série.

CONDOM

capote anglaise, préservatif, petit manteau, baudruche 🕊 **fourreau.** Larousse prétendit sans preuves qu'un médecin anglais, inventeur d'une capote, mais craignant pour sa réputation, aurait caché son nom sous ce pseudonyme. Les bouchers travaillant aux abattoirs de la ville de Condom se seraient prémunis contre les maladies vénériennes grâce à des morceaux d'intestins d'animaux. Autre explication : il est plus plausible que condom soit la transcription du latin *condum* choisi par les Anglais et provenant du verbe *condere* : cacher, protéger. ☺ **préserve-hâtif.** ☛ *french letter*

✿✿* CONSULTING

EU : *counselling.* **consultance, conseil, société de conseil, conseiller-expert, cabinet-conseil** parfois réduit à un seul membre.

♜ CONTAINER

ce qui contient, renferme. GB: *containership* ❀ **conteneur**, **récipient.**

COOKIE: biscuit

➊ ♥ **couqui** Biscuit américain, sec, rond et assez gros contenant des brisures de chocolat; ➋ ❀ **témoin de connexion, témoin** (Québec), **mouchard électronique.** Fichier témoin placé sur l'ordinateur lors de la visite d'un site ouèbe pour identifier les préférences et conserver les informations sur le passage sur la Toile.

✱ COOL

calme, **calme, décontracté, détendu, tranquille, délassé, détendu, serein, sympa, chouette, à l'aise, pépère, quiet, béat, du calme!** ∽ **coule.** *Trop arrosé de rhum, le baba coule.*

COOLIE

porteur, portefaix, homme de peine ☛ *docker* ∽ **coulis**

COPYRIGHT: droit du manuscrit

©, **droit de l'œuvre, droit de la propriété intellectuelle, droit de reproduction, (tous) droits réservés, droits de l'auteur, de l'éditeur,** ✿ **privilège, exclusivité, monopole** ☺ *Alphonse Allais préférait ses droits anthumes aux posthumes des* héritiers.

CORPORATE

➊ **professionnel;** ➋ **d'entreprise, institutionnel.**

✱ COST KILLER

On ne *tue* pas les coûts, on les réduit. **réducteur des coûts, réductionnaire, dégraisseur,** économiseur, **rogneur, chasseur de gaspi,**

optimiseur, **rentabilisateur**, ♥ **somptuariste** de **somptuaire** : ce qui restreint la dépense ☺ **économiste de coûts de chandelles.** *Les économies de coûts de chandelles, il en vient à bout.*

COUCH POTATO

patate sur canapé, **télédrogué**, **vidéopathe**, **télévégétal**.

COVER-GIRL

fille de couverture, **modèle**, **mannequin**, **gravure de mode.** Modèle qui fait la une des magazines de mode. *Une nana superbe comme une gravure de mode.* ♥ **couverturette** ♥ **belle-de-une.** *Une belle-de-une orne toujours la couverture d'*Elle.

COW-BOY

garçon de vache, **coboille** R. Queneau, ❶ **vacher**, **bouvier**, **gardien de troupeau**, **convoyeur de bétail**, **manadier**, **gardian** (Provence), **armailli** (Suisse). *Le Ranz des vaches est le chant montagnard de l'armailli.* 🎖 **gaucho** espagnol ♥ **bufflicide**, **indiénicide** *Dans la légende dorée de la conquête de l'Ouest, il n'est de bon Indien qu'un Indien bien mort* ; ❷ **aventurier**, **risque-tout**, **mercenaire**, **hors-la-loi**, **franc-tireur** 📣 **tonton flingueur**, **chauffard** (Québec).

COWORKING

cotravail, **tiers lieu.** Espace de travail partagé ou réseau de travailleurs encourageant l'échange et l'ouverture. 🗣 **collaboratoire** : fait de travailler de manière *collaborative* en couple ou en famille dans un même bureau ou sur un même projet ou affaire.

CRACK

❶ **as, maître, champion, première gâchette, surdoué, virtuose, prodige, phénix, génie, Mozart.** *Un Mozart de la finance.* **fortiche** ❷ **cheval champion, favori** ❸ **drogue** ❹ **fruit** ou **cerise.** Programme informatique s'appliquant à un logiciel pour en modifier le code afin de l'utiliser gratuitement. **crac, krak,** *krach*

CRACKERS

craquettes, craquottes, biscuits salés **craquelin**
Madame Deume se sustentait de craquelins cruellement croqués. Albert Cohen, *Belle du Seigneur.* **biscotins.** *Le roi mettait dans ses poches force biscotins pour ses chiennes couchantes.* Saint-Simon, *Mémoires.*

CRASH

chute, fracas, collision ❶ **atterrissage forcé, en catastrophe, accident d'avion** ❷ **catastrophe aérienne, chute fatale,** écrasement. *Une main de fer a gouverné un équipage vers l'amerrissage sans gravité ou l'écrasement.* Saint-Exupéry, *Terre des hommes.* **crache**
CRASH-TEST : test d'écrasement **essai de choc, essai de collision, test de résistance, choquage.**

CROONER : chantonneur

chanteur de charme **goualeur** ♥ **crouneur**
Julot Essuie-Glace, crouneur préféré de ces dames.

CRUNCH

coup de dents, craquement, crissement, restriction
❶ **resserrement de crédit** ❷ **moment crucial** : rencontre entre deux équipes censées être les meilleures. Par extension France-Angleterre.

Cubitainer®

conteneur cubique ❀ **caisse-outre, cube à vin.** *Le cube à vin joliment appelé caisse-outre.*

CURRY

Du tamoul *kari*, ragoût, plat mijoté, mot inemployé en Inde où l'on utilise des noms régionaux, le plus répandu étant *massala* qui signifie **mélange**. Depuis les Indes françaises, on disait et on écrivait **cari**. *Pour dîner, la dame nous servit un cari de crabe tout à fait excellent.* Le Clézio ☺ *Le cari est indien, la curie romaine et Curie polonaise.* ♥ **cinq-épices** par analogie avec quatre-épices. *Il aime le cinq-épices, cari goûteux et piquant.* ♥ **cinq-c.** Mélange de cardamome, cumin, curcuma, coriandre et clou de girofle. *Ce ragoût au cinq-c est un délice.* ☺ épice-riz J. Delacour.

CUSTOMISER

costumer. Ce mot taille un costume à la langue française. **personnaliser, adapter à l'usager.**

△ CUTTER

coupeur

❶ **coupoir, trancheur, lame, tranchet, coupe-quelque chose** ✍ **queuteur.** Celui qui pousse la bille au billard. ❷ bateau : **cotre**

CYBER

Pour être cyber, un *machin* doit passer par un traitement informatique. ❶ **virtuel,** ❷ **irréel,** ❸ **en ligne,** ❹ **en réseau,** ❺ **sur la Toile.**

D

☠ DANCING

♥ **dansoir.** EU: *dancing hall, palais de danse, danse-de-luxe!* **bal, salle de bal, de danse, guinguette, guinche, bastringue, thé dansant, boîte, boîte de nuit, discothèque, bal musette, guinguette, pince-cul.** Dansoir où la tenue est très relâchée. **bal des familles, bal-parquet** (Nord). *Verschueren anima les bals-parquets des Chtimis.* ♥ **danse-singe.** *Dans le danse-singe se trémoussaient les touistitis.*

DEADLINE

ligne de mort, **date, heure limite, date butoir,** échéance, **délai de rigueur, date de clôture, de tombée, clôture des inscriptions, du dépôt des dossiers.**

DEAL

accord, transaction, affaire, contrat, marché, arrangement, transaction, compromis, négociation, marchandage, barguignage.

☠ **DEALER:** GB: *drug dealer.* **trafiquant de drogue, narcotrafiquant, pourvoyeur** ou **revendeur de drogue, usager-revendeur** ♥ **drogué-vendeur** **chnoufeur, chouf,** regarde en arabe: guetteur. *Le chouf de la chnouf.* **charbonneur**: revendeur de cannabis au détail; cocaïd gros bonnet de la drogue. *Les cocaïds ont à leur service des charbonneurs.* ☛ *hasch*

DEBRIEFING

débreffage (Québec), **bilan, synthèse, analyse, critique, exégèse, déballage, récapitulation, conclusion, examen, rapport, compte rendu.**

DEODORANT

du latin *deodorans* ❶ **déodorant, barre désodorisante,** ♥ **chasse-odeur,** ♥ **sent-bon** Produit qui atténue ou supprime les odeurs corporelles; ❷ **assainisseur, désodorisant** Produit qui atténue ou masque les mauvaises odeurs d'un local, les toilettes surtout. *S'il est recommandé d'asperger du déodorant dans les toilettes, il est en revanche déconseillé de mettre du désodorisant sous les aisselles.* ☹♥ **sauve-qui-pue.**

DERRICK

❀ **tour de forage, tour.** Éponyme d'un célèbre bourreau londonien, Tyburn, qui vers 1600 opérait par pendaison. *Derrick* désigna la **potence**, puis, par métaphore, l'engin pétrolier, jouant un tour pendard au français.

💣 DESIGN

mot ectoplasmique étranger à la graphie et à la prononciation françaises ❶ ❀ **stylique, stylisme, fonctionnalisme** Conception décorative appliquée aux objets. ❷ **conception, esthétique industrielle, décoration, graphisme** ♥ **morphéisme** 🗣 **morphèvrerie.**

💣 DESIGNER: **styliste, dessinateur, graphiste, décorateur, concepteur, scénographe, modéliste, modiste, grand couturier** 🗣 **morphèvre.** *Philippe Stark est morphèvre en sa matière.*

DESTROY: détruit

❶ provocateur, ravageur, délirant; ❷ destructeur, suicidaire, mortel.

DIGEST

sommaire ❀ **condensé, abrégé, prédigéré, résumé** parfois indigeste, **raccourci, compendium.** [*La médecine*] *compendium des erreurs* *successives et contradictoires de médecins.* Marcel Proust. **promptuaire**: sorte de manuel abrégé. **épitomé**: abrégé d'un livre. **syllabus** Belgique, ☹ **abrégé ès lettres**.

△ DIGITAL

de *digit* au sens de chiffre ❀ **numérique.** Beau sujet de bagarre linguistique! Les montres à chiffres se réclamaient d'être *digitales* dans leur affichage. Maintenant à aiguilles pour la plupart, *numériques*, c'est-à-dire pilotées par un micro-ordinateur qui traite de l'information binaire 0 ou 1 transformée en *numérique*. Idem pour les disques, les images, la voix. L'abandon progressif de la représentation analogique, sa traduction en binaire pour être entreposée, transportée, restituée jusqu'à nos sens, tympan, rétine... – qui, eux, sont bien analogiques – exprime la *numérisation* du monde qui nous entoure.

DISCOUNT: escompte

❶ ❀ **discompte**, **ristourne**, **remise**, **rabais**, **réduction**; ❷ **magasin minimarge**, à prix réduits.

💣* DISK-JOCKEY ou DIJI

Maniant peu de disques et n'étant pas un *jockey* d'hippodrome mieux vaut dire **animateur musical**, **disquaire joyeux** (**DJ**) ou **déjoncté** (**DD**).

DISNEY

☹ D'après Disney lui-même, son nom viendrait d'**Isigny** en Normandie. On comprend qu'il ait fait beaucoup de beurre. **Disneyland**®, **ludopole**.

♞ DISPATCHING

❶ **largage**; ❷ **répartition**, **ventilation**, **distribution**, **dispersement**, **régulation** de la circulation; ❸ **organisation**. ☛ *planning*

DOCKER

déchargeur, **portefaix**, **arrimeur**, **chargeur**, **laptot**, **débardeur**, **aconier** 🕊 **crocheteur**

Ceux qui portaient des fardeaux avec des crochets.

Quand on demandait son avis sur quelques mots français, Malherbe renvoyait aux crocheteurs du Port au Foin et disait que c'étaient ses maîtres pour le langage. Racan

DOGGY-BAG

sac à toutou. Si en France on pouvait dans les auberges apporter son manger; en Amérique, on peut l'emporter. **sac de restes**, **sac à reliefs**, **reliefs emportés**.

♞ DOWNLOADER

charabia informatique: je *DOWNloade* quand je télécharge du serveur là-haut? sur mon ordinateur ici-bas! et *j'UPloade* en sens inverse. **télécharger**, **transférer** des données numériques.

△ DOWNTOWN

GB: *city centre*. Centre d'une ville et non ville basse, ville haute se disant *uptown*. **centre-ville** ♥ **catapole** du grec *kata*, bas, et *polis*, ville, l'opposé de l'*acropole*, la ville haute.

DREAM TEAM

équipe de rêve, **équipe idéale au succès** ☹ **intéGraal**!

DRESS CODE

code vestimentaire, tenue souhaitée.
Norme sociale indiquant la classe sociale, le rang, l'occupation, la religion, le statut marital. ☛ *wear*
DRESSING(-ROOM) : ❶ **vestiaire.** Pièce où l'on range les vêtements. **penderie** 🕊 **roberie, garde-robe, déshabilloir** ♥ **garde-robe-et-chemises** ; ❷ **cabine d'essayage.**

DRING DRING

🕊 **drelin drelin.** Même les onomatopées s'américanisent : *bang, berk, bling bling, chtark, scratch, splash, vroom, waououh, yaouh, yeah, whoopee…*

DRINK

boisson, pot, verre, canon, godet, consommation, rafraîchissement, coup. *Boire un petit coup, c'est agré-a-a-ble.* 🕊 **drinc.** *Ils prirent un drinc au zinc.* **piot.** *Pourvu que nous ayons du piot à suffisance.* Rabelais, **chicoulon** (Marseille). *Allez, va, le dernier chicoulon!* **schlouk** (Alsace). *Hans, tu reprendras bien un schlouk de schnaps?* ☹ **verre de contact** Antoine Blondin.

DRIVE-IN

conduisez-dedans Goscinny, *Le Domaine des dieux.*
GB : *drive-thru* ❶ **service en voiture, au volant,** ❀ **point de retrait.** Lieu de retrait des achats dans un supermarché. ❷ **ciné-parc** (Québec). Les Huns vivaient à cheval, les Américains en voiture. Ils y mangent, boivent, vont à la banque, au ciné, prient… tout ça en voiture, c'est de ☹ l'**in-conduite.**

DRONE

faux bourdon, **avion sans pilote**, **avion-tueur**, **avion-robot**.

♗△ DRUGSTORE

pharmacie, quincaillerie, bazar, d' 🕊 **estor de drogues**, **bazar américain**, **bazarette**, **multicommerce**, **polymagasin**, **magasin de nouveautés**, **farfouillerie**, **potion-tabernae** Goscinny, *Le Domaine des dieux*. **comptoir des cinq nécessités** [manger, boire, fumer, hygiène, soins] Yves Laroche-Clair.

DUMPING

débarras, mise au rebut. Mot à mettre aussi au rebut.
❶ **vente à perte**, à vil prix, la **casse**, **casse-prix**, **bradage** 📢 **lavage**, **prix prédateurs** 🕊 **gâte-métier**
Celui qui vend à trop bon marché. ☹ **prix d'ennemi**
Prix d'ennemi pour les concurrents, prix d'ami pour les acheteurs.
☛ *low cost* ❷ **guerre des prix**, **concurrence déloyale** 🗣 **déprécite**
dépriser + illi*cite*.

△ DUTY FREE

de 🕊 **dueté**: droit. **dédouané**, **détaxé**, **franco de taxe**, **hors taxe**.

△ DUTY FREE SHOP

❶ **boutique-détaxe**, **boutique franche** ♥ **détaxerie**; ❷ **vente à bord**.

E

E- (ou I-)

d'*electronic* ❶ **en ligne**, ❷ télé-, ❸ **cyber**, ❹ électronique.
À terme, la mise en ligne de tout rendra superflu ce e- ou *i*-.
En attendant :

E-ADVERTISING : **publicité en ligne**
E-BANK : **cyberbanque**
E-BOOK : **liseuse**
E-BUSINESS : **affaires en ligne**
E-CANDIDAT : **chercheur d'emploi sur Internet**
E-CASH : **monnaie électronique**
E- COMMERCE : **commerce électronique**
E-CIGARETTE : **♥ vapote**
E-LEARNING : **formation en ligne**
E-MAGAZINE : **magazine en ligne**
E-MARKETING : **mercatique électronique**
E-SHOPPING : **téléachat**
E-TICKETING : **billetique**
Etc.

ECSTASY

Hallucinogène euphorisant, aphrodisiaque et nocif, censé provoquer une irrépressible béatitude. **MD**(**MA**) : méthylène-dioxy-N-méthylamphétamine, **pilule de l'amour**, **taz**, **tata**, **bonbon**, **cœur** mots de consommateurs de MD, 🔊 **ecsta** ☹ **lèse-ta-fête**. ✍ **extasie** Dilatation d'un organe creux ou d'un vaisseau.

E-MAIL

d'*electronic mail*: **message électronique** ❀ **courriel.** Contraction de *courrier* électronique et intégration heureuse dans la gamme des mots en *-el* tels logiciel, progiciel ou pourriel.

ENGINEERING

❀ **ingénierie.** D'autres bons équivalents n'ont pas pris: **art de l'ingénieur, ingénieurage** Jacques Cellard, **ingénieurie** Le Corbusier, **ingénieurat** Beau de Loménie, **génie industriel, pangénie.**

ESCORT BOY

jeune accompagnateur, **garçon de compagnie, michetounet, escorteur d'Éros, sigisbée, chevalier servant, confident d'un soir, accompagnateur-causeur, mannequin tarifé, cavalier baiseur** ☹ **gigolet tôt.**

ESCORT GIRL

fille de compagnie, hôtesse du sexe 🗣 **gheisharmante.**

ESTABLISHMENT

🕊 établissement, **microcosme, institution, ordre établi, système, oligarchie, gens en place, notabilités, classe dirigeante, régnante, haute.** *Il soupait dans la haute.* Alexandre Dumas fils, ♥ **privilégiaires, nomenclaturat.** *Le nomenclaturat politico-médiatique tient le haut du pavé.*
médiacratie Régis Debray, ☹ icônocaste. ☛ *people*

☠ EXCITING

excitant, **passionnant**, **super**, **génial**, **entraînant**, **stimulant**, **enivrant**, **émoustillant**, **affriolant**, **captivant**, **emballant**, **jubilant**, **jouissif**, **tripant** (Québec), **exsailletinge** San Antonio. ☛ *sexy*

EXECUTIVE MANAGER

patron, **décideur**, **cadre dirigeant**, **directeur opérationnel**.

EXPRESS

Mot fourre-tout venu d'**exprès**. ❶ **expresse**, **rapide**, à **grande vitesse**. *César viendra bientôt et j'en ai lettre expresse.* Corneille, *Pompéi.* ❷ **spécial**. *Un train spécial.* ❸ **immédiat**. *Une livraison immédiate.* ❹ à la hâte, **minute**. *Un ressemelage minute.* ❺ **à l'italienne**, **noisette**, **expresso**. *Un café expresso.* ❻ **à sens unique** pour *voie express.*

☠ EYE-LINER

GB: *eye-liner pencil.* Crayon-feutre pour maquiller non les yeux, mais les paupières et les cils. **feutre ligneur**, **fard à yeux**, **crayon khôl** ♥ **cléopâtreur**, **bordœil**, **cerclœil**, **fardœil**, **ligneur** Remy de Gourmont.

F

FACTORING : ❀ affacturage, recouvrement

Encaissement de factures pour le compte d'un tiers.

FADING : déclin, disparition

❀ évanouissement, **atténuation**, **chute d'intensité**, **fondu au noir**. Image qui disparaît peu à peu.

FAIR-PLAY

jeu loyal. Le *fair-play* aurait été inventé par les Anglais pour être opposé à leurs adversaires. ❶ **franc jeu, beau jeu, respect des règles, sportivité** ; ❷ **correct, convenable, réglo** ; ❸ **bonne conduite, loyauté, bonne foi.**

FAN

de *fanatic.* **fanatique, fana, accro, passionné, fervent, féru, entiché, engoué, admirateur, frénétique, mordu, inconditionnel, béni-oui-oui, zélateur, idolâtre, adulateur, génuflecteur,** adulateur servile. **aficionados** ☛ *groupie, supporter, geek*

FASHION

mode, de *façon.* **société élégante, dernière mode, tendance, air du temps.**

FASHIONABLE : **à la mode, en vogue, tendance, actuel, dans le vent, dernier cri.**

FASHION VICTIM, FASHIONISTA : victime de la mode, **accro, esclave de la mode, modo-dépendante, bête de mode** Valérie de Saint-Pierre, *Le Figaro Madame,* **modingue** *mode + dingue,* **modubnibulé** *mode + obnubilé. Cette accro de* Vogue *est modubnibulée.*

FEMME FASHION : **femme à la mode, modeuse, bête de mode.**

FAST-FOOD

restauration rapide, prêt-à-manger, restaupouce, resto rapide ♥ **restovite, midi pressé, plat-minute, vite-mangé, bouffe-rapide, casse-croûterie, croquerie, croque-pouce, grignoterie** **Schnellrestaurant** en allemand, **table chaude** en italien ☛ *snack-bar* **faste fou.** *Le restovite, ce n'est pas le faste fou, tant s'en faut.*

FAX

du latin *fac simile*: fais une chose semblable. **télécopie**. *Le courriel a détrôné la télécopie.*

FEED-BACK: retour

❶ ❀ **rétroaction, rétrocontrôle**; ❷ **contre-réaction** électronique; ❸ **remontée** ou **retour d'information, remontée des filets**; ❹ **commentaire, appréciation critique.**

FEELING: sentiment

❶ **sensibilité musicale, sentiment artistique**; ❷ **intuition, instinct, flair, sens des choses**; ❸ **impression, sensation, émotion.**

FERRY-BOAT ou FERRY

bac de transbordement, **traversier** (Québec), de barque traversière, **bac, navette fluviale** ❀ **navire transbordeur, bateau porte-trains, bac ferroviaire, fériboâte** Marcel Pagnol, **féribote** Jacques Perret, **fériboîte** San Antonio, ☞ **faire ribote.** *Ils firent ribote sur le féribote* ☛ *car-ferry*

FIFTY-FIFTY

50/50, **moitié-moitié, à parts égales, poire en deux, partage des bénéfices par moitié,** 🔊 **moit' moit', kif-kif, afanaf** de *fifty-fifty* ♥ **saint-martinisme** (référence à saint Martin qui coupa sa cape en deux pour en donner la moitié à un malheureux).

☠💣* FINALISER

calque de *to finalize*. **finir, achever, terminer, peaufiner, conclure, boucler, mettre la dernière main, mettre un point final, mener à son terme.**

FINISH

fin, **final, arrivée, effort final, emballage** ☛ *rush, sprint au finish* : ❀ **à l'arraché, à l'usure, à l'endurance, à l'épuisement.**

FIRST LADY

Première dame, Première petite amie, ou **Première concubine**? En cas de **Premier monsieur, copain, amant**, dira-t-on *First Sir*?

☠ FITNESS

aptitude. GB : *fitness physical fitness.* forme physique, **mise en forme, gymnastique de forme.**

☠ FLASH(ES)

GB : *flash of lightning* ❶ **éclair, éclair de magnésium, magnésium.** À ce moment, un photographe fit luire son magnésium. Roland Dorgelès, *Bouquet de bohème.* ❷ **fulguration, corruscation.** Éclat vif et soudain de lumière. ❸ **message** publicitaire. ❹ **annonce** ou **nouvelle éclair, bulletin, brève** ☺ **annonce apostolique.** *Brève du Vatican.* ✍ **flache**
FLASH-BACK : retour de flamme. Technique de narration d'événements passés que le cinéma a empruntée à la littérature antique. L'*Énéide* de Virgile s'ouvre sur le récit que la reine Didon fait de la prise de Troyes, d'où **didonisme. rappel éclair, rétrospective** (Québec), **retour en arrière, retour visuel, analepse** : retour en arrière sur des événements antérieurs au récit.
anamnésie : jaillissement du souvenir.
☠ **FLASH-BALL®** : balle éclair. Marque déposée française et nom à déposer. ♥ **flachebôl, lanceur de balles souples, lanceur de balles de défense.** S'agit-il d'un **LBS, LBD, 44/83, 44/83 P** ou **44/83 BE**?
FLASH CODE : **code-barres.** Code-barres sur un téléphone portable permettant de se connecter à l'Internet et faire diverses opérations numériques.

FLASHER: lancer des éclairs ❶ **éclairer, fulgurer, éblouir, étinceler, foudroyer**; ❷ **photographier, mitrailler, clic-claquer**; ❸ **avoir le coup de foudre, craquer, tomber sous le charme** 🕊 **tomber en pâmoison** ✍ **flacher.** Entailler un aubier pour y apposer la marque de l'ONF.
FLASHER (se faire): ❶ **être ébloui**; ❷ **pris au radar, radarisé.**
FLASHY: ❶ **criard, voyant, tapageur, tape-à-l'œil**;
❷ **fluo** ☺ **luo récent.**

△ ☠ FLIPPER

GB: *pinball machine*, flipper étant, entre autre, une palme de plongée! ❶ **billard électrique, machine à boules** (Québec), **tric-trac électrique,** 🗣 **bruillard** bruit + billard. *Les billes cognaient fort sur les parois du bruillard.* ❷ **planer, déprimer, être abattu, être dans le cosmos, exalté, déjanté, subir un trouble affectif profond, ressentir l'angoisse du manque de drogue.**

△ FLIRT

agiter, secouer, badiner. **amourette, béguin, idylle, passade, tocade, cour d'amour** (Cambodge), **fleurte.** *Elle a un fleurte terrible.* R. Queneau, *Zazie dans le métro.* ☺ **cour d'Angleterre** M. Elbert 🗣 **phlirte**: action de répandre le breuvage d'amour. ☛ *girlfriend, boyfriend*
☠ **FLIRTER**: GB: *to court.* **courtiser, faire la cour, du plat, échanger des coquetteries, cupidonner, frotter** (Marseille), **conter des galanteries** (Martinique) 🕊 **mugueter**: mot en usage au XVIe siècle.

FLOP

plouf, **échec, four, bide, insuccès, fiasco, désastre.**

FLYER

volant, **feuille volante, feuille, feuillet, dépliant, imprimé, affichette, papillon, coupon, brochure, tract, prospectus, invitation.**

FOCUS: foyer en latin

➊ **focale, effet loupe, grossissement**; ➋ **accent mis sur, attention particulière.** **faux-cul**

FONDAMENTAUX

calque de *fundamentals* ➊ **notions de base, notions clés, éléments, données fondamentales, bases** de l'économie, **socle** de connaissances, **souches** du savoir; ➋ **agrégats** les grands agrégats tel le PIB, **indices** macroéconomiques, **clignotants**; ➌ **essentiels, nécessaires, indispensables, référents.**

FOODING

bouffe à sensations. de *food*, nourriture, et *feeling*, sensation. Terme fou dingue. **gastronomie, gastronomie branchée, art culinaire, plaisir de la table, de la bouche, bonne chère, bonne table, bonne bouffe, bien-manger, amphitryonisme** ☺ **art des mets.** *L'Art des mets* non pas d'Ovide mais de Brillat-Savarin.

FOOTBALL

balle au pied. *Curieux ce jeu de la balle au pied où un milliard de gens regardent 22 types taper comme des malades sur une outre gonflée d'air en voulant la mettre entre trois bouts de bois.*
On passe à côté du but en gardant la graphie anglaise de ce mot qui se prononce parfois fotebal *et se remplace par* **foute.**
Le foute, je n'en ai rien à foutre. José Arthur, **soccer** EU, **calcio** en italien, **fútbol** en espagnol, **balonpié** en portugais, **futebol** au Brésil,

Fussball en allemand, **pilka nozna** polonais, **Футбол** en russe, **足球词汇** en chinois, **كرة القدم** en arabe, **sport ballant** en Belgique, **ballon** à Marseille. *Té Marius, s'il fait beau dimanche, on ira au ballon.* **assoce** réduction de *football association* opposé à *football rugby. Une bonne rencontre, c'est de l'assoce piquante. Au PSG, l'assoce est relevée.* **piedballe** R. Queneau, **fodeballe** Marcel Aymé, *Le Passe-muraille*, **foutebôle** Roger Nimier, *Les Enfants tristes*, **foute-balle.** *Les jeunes gens, maintenant, ne pensent plus qu'au foute-balle.* Aragon, Les Beaux *Quartiers*, ☺ **faute-boule.** *Le faute-boule comporte coups de boule, coups francs, pénos, cartons, truquages, insultes, agressions, incivilités,* violences, émeutes. *D'où son surnom anglais* disreputable game: **jeu déshonoré**. P.-S.: **fric-balle** est un pléonasme.

FOOTING

position stable en anglais! **mise en jambe, promenade de santé, coursette, trottine, dromomanie.** Impulsion morbide qui force à marcher et à courir. Jean Orizet ☺ **promenade des Anglais** Noctuel. ☛ *jogging*

FORCING (faire du)

agir en force, à toute force forcer, pousser, appuyer, accélérer le rythme, presser le mouvement, harceler, attaquer, mettre le paquet, le feu, se démener, cravacher, donner un coup de collier, ne pas ménager ses efforts, user d'huile de coude. ☛ *pressing*

FORWARDER

faire suivre, re-router, transférer un message électronique, un fichier informatisé.

FRANCHISING

❀ **franchisage, franchise, privilège.** Commercialisation des produits ou services par emploi de la marque ou raison sociale d'une autre entreprise.

FRANGLAIS

faux mot anglais *made in France.* **bidinguerie,** ☺ **désespéranto.**

FREE

❶ **libre** d'accès. ❷ **gratuit.** **frit**

FREELANCE : franc lancier

❶ **travailleur indépendant, à son compte, pigiste, créatif indépendant, autoentrepreneur** (beau pléonasme)! **collaborateur exceptionnel** (Québec); ❷ électron libre, **cavalier seul, voltigeur, poulain échappé** Maupassant, ☺ **fière-lance.**

FREE-STYLE : style libre

❶ improvisation musicale; ❷ figures libres.

FRENCH CONNECTION

connexion, filière, liaison, filon français. Depuis *French connection,* film sorti en 1971, on abuse d'adjectifs prénominaux: *positive attitude* pour attitude positive.

FRENCH LETTER

EU: *French safe* ☺ Moyen de transport amoureux. **préservatif** **capote anglaise, capote, petit manteau** **pessaire, redingote d'Angleterre, gant de Paris** (Aoste), **redingote anglaise, calotte d'assurance,** Casanova **burnous, scaphandre de poche** *condom*

FRENCH TOUCH

touche française. **patte, griffe, style français** ♥ **savoir-flair**

FRISBEE®

Engin de jeu rond et plat qui plane en tournant sur lui-même, auquel on donne plus ou moins d'effet lors du lancer.
disque-volant, assiette volante, discoplane ☺ **discovole.**

FUEL

GB: *oil.* huile combustible de *fuel oil* **fioul, mazout.**

FUN

➊ **amusant, divertissant, plaisant, drôle, joyeux, ludique, excitant**; ➋ **jeune, sportif, à la mode**; ➌ **amusement, divertissement, rigolade.** fœhn

G

GADGET

de **gagée**, outil, ou **gâchette**, mécanisme, mot flou, à triple sens ➊ objet plaisant, futile: **amusette, babiole, bricole, bébelle** (Québec); ➋ mécanisme ingénieux: **truc, bidule, machin**; ➌ chose inefficace: **mesurette, fausse bonne idée, cautère sur jambe de bois, poudre de perlimpinpin, palliatif** ♥ **berne-gogo.** *Les mesurettes du gouvernement sont des berne-gogo.*

GAG: histoire drôle

gague Étiemble ☛ *sketch* ➊ **blague, plaisanterie, facétie, farce, canular, galéjade** (Midi), **rigourdaine** (Ouest), **witz** (Suisse romande);

❷ effet comique, invention comique, burlesquerie ; ❸ saynète comique.

GANG : bande

❶ bande de malfrats, association de malfaiteurs, horde de voyous, bande. *Les marquis de la plus haute bande*, Molière 🕊 truandaille, pendaille : ramassis de gens bons à pendre. ❷ coterie, clan, clique, maffia.
GANGBANG : amour collectif, partie fine, partie carrée, orgie, partouze, tournante ☺ cercle vicieux G. et F. Lot, plein des sens, transport de croupes, quadrature du sexe.
GANGSTER : truand, brigand, bandit, forban, voyou, voleur, larron, malfaiteur, malfrat, fripon, fripouille, canaille 📢 gouape, apache.
GANGSTÉRISME : banditisme, brigandage, filouterie, truanderie, voyoucratie, association de malfaiteurs, pègre, monde de coquins, troisième dessous, kleptocratie Congo-Zaïre. *Les kleptocrates, ces prévaricateurs officiels.*

💣 GAP

fossé, trou, brèche, abîme, écart, éloignement, lacune, décalage, pénurie, disparité, retard technique, économique, trou budgétaire, écart ou différentiel d'inflation, déficit commercial, retard technique.

GARDEN-PARTY : partie de jardin ☛ *party*

réception-jardin, buffet-jardin ☺🗣 jardîner.

GAY

du français **gai.** homosexuel, homo, pédéraste, pédé apocope injurieuse de **pédéraste**, giton, antiphysicien, uraniste, androgame, androphile, sodomite, 🕊 bardasche, socratique, combrecelle, corydon, ganymède, mignon. *Henri II avait des mignons : il tournait* *les pages de l'Histoire de France.* **fifi, fifine** (Québec), **macici** (Haïti), **gordjiguene** (Sénégal), mot wolof: *gore*, homme + *djiguene*, femme **homossessuel** André Gide, **gomorrhéen** Barbey d'Aurevilly, **uranien** Colette, André Gide, **pédérasse** Verlaine, **philopède** Apollinaire. *Le mot gay n'est pas drôle.* ☞ **gai, gué, guet**

(femme) GAY: lesbienne, homosexuelle, invertie, anandryne 🕊 **saphiste, tribade, gomorrhéenne** 📢 **gouine, goudou, chipette, brouteuse, gavousse, gougnotte, gousse, fricatrice, lesbiche.** *Cette lesbiche est une femme gaie.*

GAY PRIDE: parade de la fierté homo, Fierté gaie (Québec), **marche des fiertés**, ☺ **convoi d'anges heureux.**

GEEK

fou, idiot du village, **mordu, accro, féru de, maniaque, fana, toqué.** *C'est un toqué de l'Internet.* **gicque** (Nord). Personne calée en informatique, techniques numériques, cultures de l'imaginaire: cinéma, TV, vidéo. ☛ *addict*

GENDER ISSUE

théorie de l'**autodétermination sexuelle.**

☠ △ 💣 GENRE

Substituer genre (*gender*) à **sexe** ne répond à aucun besoin linguistique et sème la confusion. Étendre son sens pour différencier l'homme de la femme, le masculin du féminin, ne se justifie pas en français. Dès lors, sont à proscrire les expressions utilisant, dans ce cas, les mots *genre*, l'horrible ☠ *genré* (sic) et le pléonastique *sexospécificité*. Continuez de dire sans sexagération **sexe, sexué, sexuel, sexualité, sexisme, asexué, bisexuel, transsexuel, métasexuel.**

GENTLEMAN

gentilhomme, homme bien né. **homme du monde, bien né, monsieur** dans l'expression flatteuse. *Cet homme-là, c'est un monsieur.* 🕊 **seigneur, homme d'honneur, chevaleresque.**

GENTLEMEN'S AGREEMENT

accord de gentilshommes, **entente privée, contrat consensuel, contrat oral, parole donnée, convention d'honneur, engagement moral, confiance réciproque, code de bonne conduite, bonne entente** (Québec).

GENTRIFICATION

de *gentry*, noblesse non titrée. Transformation socio-économique d'un quartier ancien due à l'arrivée de résidents au niveau de vie élevé. **embourgeoisement** (Québec), **ségrégation par le haut, boboïsation, sablonisation** (Belgique de Sablons, quartier de Bruxelles), **embeurgeoisement**, ☺ **gentille frication.**

GLAMOUR

Selon de quoi il retourne, on peut préférer **charme, envoûtant** ou **artificiel, séduction, prestige, aura, splendeur, fascination, enchantement, élégance, éclat, vie brillante.** Étymologie intéressante : la *grammaire* latine passait au Moyen Âge pour un savoir mystérieux, que de rares érudits possédaient. L'austère *grammaire* donna au XIIIe siècle l'envoûtant *grimoire*, recueil de formules magiques, objet d'un apprentissage profond (comme la grammaire), qui, à son tour, donna – via le gaélique d'Écosse *gramarye* – le capiteux *glamour* au sens de **magie d'amour** à cause du sortilège des fées et des sorciers malfaisants qui changeaient l'apparence des êtres ! Ainsi donc, la grammaire le céda au mystère, le mystère à la magie, puis la magie à l'envoûtement et l'envoûtement au charme. ☺ *Le glamour n'est pas le glas de l'amour.*

GLOBALISATION

Les mots devant rester des outils de précision, distinguons les phénomènes suivants: **mondialisation**, **américanisation**, **internationalisation**, **suppression des frontières**, **planétarisation**, **supranationalisation**, **transfrontiérisme**, **transnationalisation**, **cosmopolitisme**.

GLOBE-TROTTER

trotte-globe, **cours-le-monde**. *Quel infatigable cours-le-monde ce trotte-globe!* **grand voyageur**, **circumnavigateur**, **avaleur de méridiens** ♥ **cosmotouriste** ☺ T.G.V. très grand voyageur.

GLOBISH: anglais mondial.

sabir atlantique, **babélien**, **pseudovolapük**, ♥ **globiche**: variété d'anglais basique au vocabulaire réduit et à la syntaxe déformée que les élites mondialisées pratiquent mais que les Anglais ne comprennent pas. ☺ **désespéranto**.

GO!

Allez! Vas-y! Allez-y! On y va! En avant! Feu! Partez! C'est parti! Départ! Saut! **Fouettez cocher!** jeu de **go**, tout de **go**

GOAL

GB: *goal-keeper* ❶ **but**; ❷ **poteaux**, **filets**, **cage**; ❸ **gardien**, **gardien de but**, **portier**.

GOAL AVERAGE : moyenne des buts, **moyenne**, décompte **des points, des buts.**

GO-BETWEEN : aller entre

➊ **intermédiaire, courtier, agent de liaison, entremetteur, intercesseur, messager, trait d'union, officier de liaison,** 🕊 **proxénète** : celui qui s'entremet dans une affaire. ➋ médiateur, **Monsieur Bons-offices.**

GOLDEN BOY

garçon doré, parfois faisan doré, **enfant de la Bourse, faiseur d'or,** ♥ **auriflueur** (Rabelais) celui qui écoule et rapporte de l'or. **profiturge, gars d'or** : gamins de moins de trente ans qui mènent le monde à partir de leur écran d'ordinateur, Raymond Barre. **cupid'or,** ☺ **martingaleux,** ☺ mirliflorissant ♥ conquit-c'tas-d'or ☛ *trader*

GORE : sang coagulé

➊ **sanglant, horrible, terrorisant,** ☺ **terrorifiant** ; ➋ **film d'horreur** (*gory movies*), ☺ **hémoglobobine,** ☺ **garanti sang pour sang.**

GORE-TEX®

Tissu imperméable en Téflon pour vêtements et chaussures, inventé par Bill Gore. **téflonné.** *Les pompiers portent du téflonné.*

GRILL(-ROOM)

restaurant à grillades, **rôtisserie.** *La rôtisserie de la Reine Pédauque,* **boucanerie, brasillerie, carbonaderie, brochetterie, grilladerie** (Québec), **grillardin** (Belgique), **dibiterie** (Sénégal), **parilla** espagnol d'Argentine.

GROG

grogue Remy de Gourmont. Les mots ont une histoire, celui-ci en particulier. L'amiral anglais Vernon (1684-1754) fut surnommé *Old Grog* car il portait toujours par mauvais temps un chandail en tissu côtelé, le *grogham*, de ✾ **gros-grain**. L'amiral ordonna que la ration de rhum versée aux marins serait désormais coupée d'une moitié d'eau : on appela le breuvage mitigé *grog*.

GROGGY

ivre de coups, **titubant**, **chancelant**, **sonné**, **assommé**, **étourdi**, **fatigué**, **grogui.** *Le grogue l'avait mise groguie.* ☛ *K.O.*

GROOM

groume Remy de Gourmont ❶ petit **laquais**, **palefrenier**, **domestique** ; ❷ **chasseur**, **portier d'hôtel.**

GROUPIE

admiratrice, **inconditionnelle**, ♥ **coqueluchette**, **admirette**, **godillette.** ☛ *fan*

GUEST-STAR

invité étoile, **invité d'honneur**, **invité-vedette**, **conférencier de marque**, **artiste invité**, **en vedette américaine**, **participation spéciale de.**

H

HACKER : celui qui entre par effraction

❶ **fouineur.** Celui qui aime comprendre le fonctionnement interne des systèmes, en particulier ordinateurs ou réseaux. ☛ *geek* ❷ **pirate.**

Personne qui cherche à contourner les protections d'un logiciel, à s'introduire en fraude dans un système ou réseau informatique.

HALLOWEEN

d'*All hallows Eve.* **Veille de tous les saints,** mi-carême anglo-saxon, le 31 octobre. **Nuit des fantômes, Nuit des revenants, Nuit des morts-vivants, Sainte-Citrouille, Nuit des Potirons, Samain** Fête celtique rituelle et propitiatoire célébrée début novembre en commémoration des morts, et à coups de libations et de débauches. Halloween en est l'héritière directe.

HAMBURGER ou BURGER

EU : *hamburger steak* ♥ **hamburgueur, burgueur,** **fricadelle** Les Hambourgeois appellent ainsi leur **en-cas haché**, quand ils ne disent pas *Deutsche Beefsteak*! **croque-haché** Académie des enfants, **hambourgeois** (Québec).

HANDICAP

de *hand i(n) cap*, main dans le bonnet

❶ **désavantage, inconvénient, entrave, surcharge** ; ❷ **infirmité, invalidité.**

HANDICAPÉ : **personne dépendante, à mobilité réduite, accidenté** ou **blessé de la vie, victime du sort, affligé, impotent, infirme, invalide, mutilé, paralysé, grand blessé, bras cassés** dans l'administration, **gueule cassée** de la Grande Guerre, **GIG, estropié, unijambiste, manchot, cul-de-jatte, bancroche** (Lyon), **gabiache** (Beauce), **personne exceptionnelle** (Québec). Non à *n*andicapé et à zandicapés !

HAPPENING

événement, advenance, survenance, **improvisation psychédélique, extase collective, défoulement collectif, spontanéisme,** 🕊 **jeu à l'impromptu, psychodrame,** ♥ **théâtre-événement,** ♥ **improvisade,** ☺ excentri-cité. *Cette improvisade dans la rue, c'est de l'excentri-cité.*

HAPPY END: fin heureuse

bon dénouement, tout est bien qui finit.

HAPPY FEW

quelques heureux. Dédicace de Stendhal qui clôt *La Chartreuse de Parme* par *To the happy few.* S'il avait eu sous la main ce dico, Stendhal aurait eu le choix entre: **heureux élus, rares élus, privilégiés, initiés, grands connaisseurs, élite, cénacle, pléiade, phalange, gratin, fleur, fine fleur, saint des saints, petit clan d'initiés, numerus clausus, paucité** (Petit nombre, du latin *pauci*, peu nombreux), **crème**: *les personnages de la crème à Vienne.* Balzac, *Les Illusions perdues.* **abracantes** Ionesco: personnes d'une qualité supérieure. ☺ **les haut férés**: par antonymie et dérision, on traite le commun des mortels de *many inhappy.*

HAPPY HOUR

❀ **heure propice, bonne heure, heure creuse**: dans un restaurant ou un café, période creuse où un tarif réduit est proposé aux clients.

HARD

GB: *hard-core.* **dur, dru (druerie: humeur lascive), osé, inconvenant, impudique, sale, cru, nature, cochon, leste, graveleux, salé, salace, épicé, sulfureux, chaud, torride, licencieux, luxurieux, lubrique, gras, paillard, égrillard, grivois, gaulois, obscène, olé olé, vicieux,**

scabreux, pornographique, porno, pour public averti. ☛ **sexagéré** ✍ **harde, hardes** ☛ *hot*

HARD DISCOUNT

remise ou ristourne maximale ❀ **maxidiscompte**: libre-service à dominante alimentaire, avec prix plus bas qu'ailleurs, petite surface de vente et assortiment de produits limité. *Lidl et Dia sont des maxidiscomptes.*

HARDWARE

❀ **matériel, quincaille** (Québec). ☛ *software, ware*

HAS BEEN

a été, **vieille gloire, passé de mode, dépassé, hors de course, baderne, ringard, vieille taupe, acteur fini, fini, ex.** *Un ex-bon acteur.* **rangé des voitures, heure de gloire derrière soi** *mais en se retournant, on l'a devant!* ✍☺ **La hase bine, elle n'en a pas fini.**

HASCH

de *haschich,* **drogue, opium, cocaïne, narcotique, stupéfiant, stup, boulette, H, cannabis, marihuana, chichon, chanvre indien, herbe, colombienne dure,** 📢 **came, pétard, chnouf, kif, neige, lili pioncette, fumette, respirette, bigornette, paradis artificiel** Baudelaire. ☺ **gainsbourium-malrauxité** ✍ **hache, ache**

HEDGE FUNDS

❀ **fonds spéculatifs, fonds de performance, fonds vautours.** Investissement risqué où, pour des mises limitées, on espère des gains importants.

HI-FI

GB: *sound system*. Son fidèle que reproduit l'appareil, ce qu'une réclame célèbre avait rendu par la **voix de son maître, haute fidélité, hi-fi.** *C'est un hi-fi génie.*

☠ △ HIGH-TECH

haute technique de *high technology*. **technique de pointe, technique avancée, innovation technique, industrielle, technoplus, camelote de luxe.**

HIPPIE

asocial, contestataire, marginal, non-conformiste, katmandouiste. ☛ *beatnik*

HIT-PARADE

défilé, parade du succès, **palmarès, tableau d'honneur, cote de popularité, pic d'audience ♥ succémètre.**

HOAX

faussaire, faux message d'alerte lancé sur la Toile.
canular informatique, **mystification,** 📢 **foutage de gueule.**

HOBBY

d' 🕊 **hobin**, petit cheval pour dames qui va l'amble d'où *hobby horse*. **dada, violon d'Ingres, marotte, péché mignon, domaine de prédilection, joujou, passe-temps, loisir favori, distraction, délassement, sujet de délectation, centre d'intérêt, passion, lubie, manie,** ☺ **violon dingue.** *Le piano, c'est son violon dingue.*

HOLDING

tenant. GB: *holding company.* **société mère, société de portefeuille, groupe de sociétés,** ♥ **tenante.** *Cette tenante contrôle beaucoup de sociétés.* **société-parapluie** en chinois.

HOLD-UP

de *hold-up your hands.* **attaque, vol à main armée, braquage,** **casse, fric-frac, holdigne** Antoine Blondin. **Oh, le dupe!**

HOME

mot qui ne délogera pas **logis, maison, foyer, chez-soi, intérieur, domicile, gîte, demeure, bercail, pénates, vie intime, intimité,** **lares.** foyer domestique. *Revoir ses lares,* **manoir,** **chaumine.** *Il tâchait de gagner sa chaumine enfumée.* La Fontaine. **pourpris.** *Tout brille en ce pourpris.* La Fontaine. **chacunière**: habitation de chacun. *Chacun en sa chacunière.* Montaigne. **retirance, demeurance** (Centre), **ousteau** (Provence), **carbet** (Antilles, Guyane). Petite habitation rurale. **homme, heaume, ohm.**

HOME PAGE

page d'accueil sur un site Internet.

HOME-TRAINER

vélo-maison, rameur ☺♥ **domicycle.**

HOMME-SANDWICH

homme-pancarte, homme-réclame.

HOT

chaud ☛ *hard*

HOT-DOG

chien chaud. *Comment peut-on manger le meilleur ami de l'homme? Chaud en plus! Il n'avait peut-être pas entièrement tort celui qui disait que les Américains sont le seul peuple à être passé de la barbarie à la décadence sans avoir jamais connu la civilisation.* En vocabulaire civilisé: **saucisse chaude**: saucisse chaude à la minute *affichaient les cafetiers vers 1960.* **saucisse fourrée**: où ne va-t-elle pas se fourrer? **croque-saucisse, croque-monsieur, saucipain** trouvaille de l'Académie des enfants, **briquet** (Nord), **chien chaud** (Québec), 8 **pero** ou **perrito caliente** en espagnol, **chorizan** en hispano-argentin, **cachorro quente** en brésilien, **américanidé** A. Bouyer.

HOT LINE

➊ **ligne rouge**, ➋ téléassistance. Dépannage au téléphone. *Obama appela Poutine sur la ligne rouge.*

HOVERCRAFT®

aéroglisseur, naviplane, hydroglisseur.

HUB: moyeu

➊ **point nodal, aéroport-pivot, pivot, pôle d'échange, pôle, plate-forme de correspondance, plaque tournante**; ➋ **centre d'activités, centre de tri, interconnexion, place forte, concentrateur.**

HULA-HOOP

jupe cerceau de l'hawaïen *hula*, danse du bassin toute en ondulations et *hoop*, cerceau. ♥ **houlahoupe, cerceau trémousseur**: toquade des années 50-60 qui revient en vogue. Les jongleurs en ont fait une discipline, la **jonglerie de contact**.

HUMOUR

Cet anglicisme suscite trois remarques: ❶ Il serait intraduisible. Pourtant vers 1780, Louis-Sébastien Mercier avait trouvé un équivalent juste, mais imprononçable: **facétiosité.** ❷ Ce serait quelque chose de propre aux Britanniques: *the British sense of humour.* Et l'on a coutume de dire que les Anglais ont de l'humour, les Français de l'**esprit.** ❸ *Humour* (EU: *humor*) vient de **humeur,** qui jadis avait deux significations opposées: disposition à l'irritation, à la tristesse et disposition à la gaieté, à la plaisanterie. *Cet homme a de l'humeur? C'est un vieux domestique qui, comme vous voyez, n'est pas mélancolique.* Corneille, *Le Menteur.* Nous avons gardé le premier sens du mot et les Anglais lui ont donné le second.

I

I ☛ Voir -e

I- ou E-BOOK

d'electronic book ❀ **livre numérique, livre électronique, liseuse.** *Elle avait chargé un bon millier de romans sur sa liseuse,* 🗣 **livrel** (Québec), **hibouc** Alain Rey. *Un hibouc, c'est chouette.*

ICE-CREAM: crème glacée

glace à la crème, glace, bâtonnet, cassate, cône, cornet, coupe glacée, esquimau, mystère, parfait, plombières: glace à la vanille renfermant non du plomb mais des fruits confits, du nom de la ville où on aurait imaginé cette glace. **crème-glace** (Belgique), **saint glace** (Congo), 🎗 **ayscrim** en créole des Seychelles.

IGLOO

de l'esquimau *igloukiak*, habitation, **iglou**, ♥ **frigidome**, **cabane à Lapons** Michel Laclos, **chambre froide** Aristocase, 🗣 inuïthée.

IN: en, dedans, à l'intérieur

❶ **céans** Ici, dedans. *La maîtresse de céans.* ❷ **dans les limites** du jeu; ❸ **tendance**, **en vue**, **dans le coup**, à la page, **au goût du jour**, **dans le vent**, **branché**, **comble du chic**.

INCENTIVE(S)

du latin *incentivus*, incitatif, **motivation**, **petites douceurs**: octroi aux salariés d'avantages en nature ou de compléments de salaire pour les stimuler.

INDOOR

à l'intérieur, **en salle**, **couvert**.

INDUSTRIALISÉ

calque d'*industrialized*, **industriel.** Alfred Sauvy disait qu'aux *pays industrialisés* devraient correspondre des *pays agricolisés*. Et Raymond Aron donna à la Sorbonne dans les années 60 ses inoubliables *Dix-huit leçons sur la société industrielle*.

ING (mots se terminant par)

Seul son contraire au système phonétique français. Chez nous, le g final dans les mots qui se terminent par *ng* ne se prononce pas, quelle que soit la consonne qui le précède: coing, Estaing, étang, hareng, Meung-sur-Loire, parpaing, poing, rang, sang, seing ou… *shampoing*. Ce suffixe indique l'action en anglais où il sert à former le gérondif. *Ing* contrarie l'anglais quand on fait de ce gérondif un substantif

comme avec *brushing*. Se remplace par:
age: *jailbreaking*/**déverrouillage**, *doping*/**dopage**, *factoring*/**affacturage**
ation: *planning*/**planification**, **ie**: *shooting*/**tuerie**, **ique**: marketing/**mercatique**, **ment**: *happening*/événement
La terminaison française peut être aussi: **in**: *shilling*/ 🕊 **chelin**, *sterling*/ 🕊 **esterlin**, **inge**: *standing*/**standinge**, **ingue**: *kerling*/**carlingue**.

INITIALISER: calque de to initialize

❶ **remettre les compteurs à zéro.** Initialiser une application ou un programme informatique, c'est lui *passer* les paramètres (données) qui lui permettront de s'exécuter. ❷ **prendre l'initiative, être l'auteur de.**

INPUT/OUTPUT

mise dedans, mise dehors, termes d'économie et d'informatique. **entrée/sortie**, **entrant/sortant**, **débit/résultat**, **intrant/extrant** Gabriel Fain.

INSIDER: personne de l'intérieur

❶ **initié.** ❷ **CDI**, **fonctionnaire.** Salarié à contrat stable ou protégé par son statut. Antonyme *outsider*: travailleur précaire, chômeur, laissé-pour-compte.

INTERNET®

appelé la **Toile**, cet outil de communication est une
🗣 **piœuvre.** *Œuvre pie, la pieuvre étend ses tentacules sur le monde entier.*

INTERPOL

Contraction d'*International Police.* ♥ **entre-polices. entraide judiciaire, O.I.P.C.** Organisation internationale de police criminelle. ☺ **la rousse universelle** *Dico Canard.*

INTERVIEW

déformation d' entrevue. **entrevue, entretien, conversation, face-à-face, enquête, questionnement, questions-réponses.** *Au jeu du questions-réponses ce politicard savait éviter les pièges du direct.* **interviou** Yves Berger, **conversation-interrogatoire** S. Hanon, **intervioouve** Robert Le Bidois, **micro-cravate, micro-trottoir, médialogue** Interviou de personnalités raffolant d'entretiens télévisés, **intervista** en italien, **entrevista** en espagnol et portugais, ☺ soliloque: interviou où le journaliste n'arrive pas à placer un mot. ☺ **produit d'entretien** Aristocase, ☺ **enterre-vues.** Interviou où le questionné inhume ses opinions par excès de langue de bois.

iPad®

Micro-ordinateur dont l'interface homme-machine se réduit à une tablette tactile faisant office d'écran et de clavier.
Nom générique de cette gamme d'appareils: **tablette,** **baladeur numérique.**

iPhone®

Téléphone mobile doté de fonctions complémentaires qui en font un micro-ordinateur de poche. Produit vendu par Apple. Nom générique de cette gamme d'appareils:
ordiphone, **terminal de poche,** ♥ **aïephone**
L'aïephone peut faire mal. ☛ *smartphone*

IT'S IN ZEU POCKET!

GB *You've got it made!* **c'est dans la poche, comme si c'était fait!**

IN ZEU BABA!

de la revue, **dans le chou, dans le trognon, dans le dos la balayette.**

J

JACKPOT: pot de Jacques

gros lot, super banco, pactole, toucher la **grosse galette,** décrocher la **timbale, pont d'or,** faire un **loto-bingo**: loto pour les joueurs, bingo pour le fisc.

JACUZZI®

bains tourbillons, baignoires à remous, bain à remous, spa, bain bouillonnant ♥ **bouillonnoire** *bouillon* + baignoire. *Babette barbote bien dans la bouillonnoire.*

JAILBREAKING

déverrouillage, déblocage, débridage. Déblocage d'un système d'exploitation informatique.

JAZZ

jâze. *Jâze musette*, orchestre de Daniel Denécheau. ☺ **transe-en-danse** *Le Dico Canard.* **jase**

JEAN'S

Gênes de *blue-jean*. EU: *overall.* **bleu coutil,** **pantalon à clous, bourgeron** Étiemble. ☛ *blue-jean* **djinn**

JERRYCAN

canne de Jerry. Sobriquet donné aux Allemands par les soldats américains. ❀ **nourrice, bidon.**

☠ JET

GB: *jet plane* ou *jet airplane.* **avion à réaction.** ☞ **jette**

JET-LAG

Troubles physiologiques dus à un voyage en avion à travers plusieurs fuseaux horaires. D'où dérèglement de l'horloge interne par inadéquation entre le cycle veille/sommeil du voyageur et le nycthémère du méridien sur lequel il a atterri. *Nycthémère*: alternance d'un jour et d'une nuit correspondant à un cycle biologique de 24 heures. **syndrome du déphasage horaire, nycthémérose, arythmie circadienne, hypnophagie,** 🗣 **somnanvol.**

JET-SET

société supersonique, de *jet-society* détrôné par *people.* élite supersonique, **gratin volant,** ♥ **aérogratin** souvent gratiné, **gente dorée,** 🗣 **société cosmondaine, aéronotoires, jetablissement.**

JET-STREAM

courant-jet, courant stratosphérique.

JINGLE: bruit métallique, son de cloche

❀ **sonal, ritournelle** (Québec), **musiquette** ou **ritournelle publicitaire, indicatif musical, logotype sonore, serinette, coup de timbre métallique** Julien Gracq. ☞ **jinglet** Petit vin aigrelet

JOB : tâche, emploi rémunéré

❶ **boulot, petit boulot, besogne, emploi précaire, métier, poste, travail, occupation, gagne-pain ;** ❷ *bon job* : **bonne aubaine, affaire lucrative, bon filon.**
JOB DATING : **entretien-minute d'embauche.**

JOGGING

trottinage. GB : *track-suit* ❶ **trottine,** ♥ **courserelle** ☛ *footing*
❷ **survêtement.**

JOINT-VENTURE : aventure conjointe

❶ **coentreprise, entreprise conjointe, société commune, mixte, cosociété, union d'affaires, pacte d'industrie, alliance, alliance stratégique, partenariat, groupement d'intérêt économique, GIE, main dans la main.** *Pour emporter le contrat les deux entreprises travaillèrent main dans la main.* ♥ **consortiat, coéquipée.** *Une coéquipée est parfois un consortiat risqué.* ❷ **filiale commune.**

JOKER

plaisantin, **va-tout, cheval de bataille.** *Quand elle joua son va-tout, il sortit son cheval de bataille.* **triomphe** (Belgique).

JUMPER : sauteur

❶ **cheval de saut** d'obstacles ; ❷ **corsage-chasuble.**
JUMPING : **saut d'obstacles, tournoi équestre, concours hippique, épreuve de saut.**

JUNIOR

(le) plus jeune en latin, inexpérimenté, débutant ❶ **cadet, dernier-né, puîné,** le **plus jeune frère ;** ❷ **junior.** Concurrent de plus de 16 ans, et de moins de 18 ou 21 ans, donc en catégorie intermédiaire entre cadets et *seniors*. ❸ **fils.** *Sarkozy fils.*

JUNK

Mot à jeter à la poubelle, comme ce qu'il désigne. ❶ **camelote, vieilleries, bric-à-brac, ferraille usagée, rebut, rogaton, déchets, cochonnerie, de basse qualité, de la saloperie, de la merde**; ❷ **drogue dure**; ❸ **pourri**.

JUNK BOND: **obligations pourries**

JUNK DEALER: **brocanteur**

JUNK FOOD: **bouffe poubelle, malbouffe**

JUNK MAIL: **courrier indésirable**

☛ *spam*

K

KETCHUP

soupe de chat. du chinois *ké-tsiap*, saumure de poisson GB: *tomato* ou *mushroom ketchup*. **quétcheupe** San Antonio, **sauce tomate chinoise, sauce Heinz, tomatine.** ♥ Tomatine au pluriel donne: sauces y sont.

KIDNAPPER

❶ **ravisseur**; ❷ **enlever, ravir, voler, niquenapeur** R. Queneau.

KILLER

tueur, meurtrier, assassin, criminel, 🔈 **sorgueur assassin nocturne,** 🕊 **occieur,** 🔈 **trucideur.**

KIT

❶ lot de pièces, **nécessaire, trousse, trousseau, botte, ensemble, musette, barda, boîte à outils**;
❷ ❀ **prêt-à-monter, automontage, nécessaire d'assemblage.** ✍ **quitte**

KITCHENETTE

❀ **cuisinette, coin-cuisine.** Cuisine de petites dimensions, équipée du strict nécessaire.

Klaxon®

avertisseur, corne, trompe, trompe de voiture Aragon, ☺ **claque-son.**

Kleenex®

mouchoir en papier, mouchoir jetable, papier-mouchoir.

☠ KNOCK-OUT ou K.O.

GB: *knocked out*. éliminé, battu
❶ **envoyé au tapis, 36 chandelles, étendu, sonné, évanoui, assommé, vaincu**; ❷ **très fatigué, éreinté, épuisé, lessivé, vanné, exténué, fourbu, calqué, pompé.** ✍ **cahot, chaos**

KNOW-HOW

savoir comment ❀ **savoir-faire, recette, expérience, qualifications, connaissances techniques, compétences,** ❦ **patte** Avoir l'habileté de main. *On reconnaît la patte d'un maître.* Littré, entendre le **grimoire.** Être habile dans ce qu'on fait. 🔊 entendre la **manique.** Avoir la pratique du métier, être adroit.

KRACH

❶ **effondrement boursier, effondrement des cours** ; ❷ **débâcle** ou **désastre financier, banqueroute, faillite.** ✍ **crac, craque, krak,** *crash*

☠ K-Way®

Appellation donnée à cette marque par son créateur français pour conquérir le marché mondial. Il avait d'abord appelé son vêtement **en-cas de pluie. ciré, coupe-vent.**

L

LADY

dame, **maîtresse, femme distinguée.**

LAMBSWOOL

laine d'agneau, **laine agneline** provenant d'agneaux tondus pour la première fois, ☺ **label et laine.** *Label et laine, où ça nous mène hélas !*

LATIN LOVER

☺ **chaud Latin.**

LEADER

conducteur, **chef, cheftaine, chefaillon, chef de file, chef d'orchestre, dirigeant, pilote, locomotive, figure de proue, maître, supérieur, ponte, responsable, animateur, patron, homme fort, cacique, caïd, parrain, guide, meneur, porte-drapeau, régent** (celui qui conduit en droite ligne), **hégémon, coryphée.** *Staline fut appelé le coryphée des arts et des sciences.* 🎖 **caudillo, duce, führer, raïs** ou **zaïm** en arabe,

grand timonier en Chine, **lider** en Amérique latine. Castro, *Líder Máximo.* ☛ *boss, big boss*

💣 LEADERSHIP

❶ **primauté, primat, prééminence, magistère, autorité, ascendance, prépondérance, charisme, tête, rôle pilote, chefdefilat, haut du pavé**; ❷ **hégémonie, suprématie, domination, position dominante, prédominance, emprise, impérialisme, prépotence, férule, maîtrise, mainmise, direction, conductorat, commandement, chefferie** (Québec), 🕊 **impatronie.** Le *politiquement correct* s'impatronise.

LEASING: prêtage

❀ **crédit-bail.** Opération par laquelle un vendeur cède la jouissance immédiate d'un bien mobilier ou immobilier par contrat. **location-vente, cession-bail, L.O.A.**: location avec option d'achat, **ducroire.** Vente à crédit.

☠ LIFTING

GB: *face lift* ❶ ❀ **lissage, remodelage, liposuccion, lipectomie, morphochirurgie, lipo-remodelage, cure de beauté, de rajeunissement,** 📢 **pompe-à-gras,** ☺ **remodelâge,** ☺ **bricolâge**; ❷ **ravalement de façades** d'immeubles, **gommage** des façades; ❸ **toilettage, rénovation, embellissement, seconde jeunesse.**

LIGHT ou LITE

allégé. *Une boisson allégée.*

☠ 💣 LIKER

langage de Facebook. **aimer** le message.

LIP-GLOSS

lèvres éclatantes. Brillant à lèvres laqué, verni ou glacé posé sur le rouge à lèvres ou sur les lèvres nues. ♥ **brille-lèvres, brillant, transparent à lèvres, soleil aux lèvres** Anne-Marie Quillerici.

LISTING

➊ **listage**; ➋ **liste, liasse, fichier, fichier clients.**

LIVE

vivant, **en direct, en public, sur scène, en spectacle.**
Musique live: musique fraîche. Antonyme: musique en boîte, enregistrée en studio.

LIVING(-ROOM)

salon, séjour, salle de séjour, pièce à vivre, vivoir Colette.

LOB

chandelle, en cloche. *La France gagna grâce à un but en cloche de Zidane: on lui doit une fière chandelle.*

LOBBY

couloir, antichambre, réception (d'un hôtel) ❀ **groupe de pression, groupe d'intérêts, groupe d'influence,** ♥ **lobi**, d'où **lobiste, lobier, lobiage.** *Le lobi des marchands de soupe s'y entend en lobiage tous azimuts.* ✍ **l'obi, l'obit**

LOBBYING: **action corporative, démarchage corporatif, pression, influençage, trafic d'influence, manœuvres de couloir, courtisanerie d'antichambre, coulissage,** ♥ **lobisme.** *Les multinationales font un lobisme très efficace à Bruxelles.* 🗣 **lobyrinthe.** Circuit compliqué à suivre pour obtenir gain de cause. *Lobyrinthe: labeur éreintant.*

LOCK-OUT

interdiction d'accès, porte bannie? **mise à la porte**, **fermeture** d'une usine, **verrouillage** des portes, **contre-grève** des patrons, **coalition patronale** pour interdire l'accès à leur usine, 📢 **lourdage**.

LOFT

❶ **grenier, soupente**; ❷ **atelier, hangar**, ☺ **pied-en-l'air.** Pied-à-terre en étage.

LOGIN

code d'accès, identifiant de connexion, nom d'utilisateur.

💣* LOOK

air, mine, apparence, aspect, allure, profil, galbe, image, figure, faciès, silhouette, prestance, genre, style, présentation, physionomie, silhouette, dégaine, impression, minois, frime, bouille, frimousse, 🕊 **regardure.**

☠ LOOPING

de *looping the loop*, **boucle, figure de voltige aérienne.**

LO(O)SER ☠ LO(O)SEUSE

perdant, malchanceux, condamné à perdre, mésaventurier, échoueur patenté, fiascoteur, nombril noué (Beauce), 📢 **guignard, croquignol.**

☠💣*△ LOW COST

Ô low cost! La guerre des prix est telle entre les **compagnies aériennes à prix bas**/*low cost company* – d'où vient *low cost* – qu'une d'elles déclare : le meilleur moyen de trouver moins cher, c'est d'y aller à pied. Mot imprécis, confondant ❶ le coût: **bas coût.** *Low cost*, étant un coup bas pour notre langue. À Bakou, le pétrole est extrait à bas coût. ❷ le prix: **prix bas, pas cher, bon marché, meilleur marché, au meilleur tarif,** économique, **au rabais, petit prix, prix mini, miniprix, prix réduit, faible, modique, prix dérisoire, bradé, prix incitatif, imbattable, défiant toute concurrence, prix prédateur, cassé, écrasé.** *Mammouth écrase les prix*: contrepèterie. ☛ *dumping* ❸ **bas de gamme, moche.**

LUNCH

buffet, collation, goûter. ☞ *lynch*

☠ LYNCH(AGE)

GB: *lynching.* Exécution sommaire au mépris de toute justice et au détriment des Noirs. **loi de Lynch, justice** ou **exécution sommaire, lapidation, loi du talion, supplice.** ☞ *lunch*

△ LYRICS

Paroles chantées de certaines comédies musicales. **paroles, paroles-musique, mélopée, accompagnement vocal.**

M

💣* MADE IN FRANCE

fabriqué en France ❶ **importé de, originaire de, produit de, conçu, produit, élevé ou assemblé** en; ❷ **pavillon France, label France, 100 % tricolore, création, fabrication, qualité française,** ☺ **merde in France** Jacques Dutronc, ☞ ☺ **Médine France** mosquée française.

MAGNET

aimant, **aimantin.** Objet décoratif aimanté, utilisé comme objet publicitaire, souvent plaqué sur un réfrigérateur.

MAIL prononcé meye'le

de mail **courriel** (Québec), de courrier électronique/*electronic mail*, et comme logiciel, progiciel, ludiciel, pourriel. *e-mail* **mail, maille, Il n'y a que Maille qui m'aille.**

MAILING: GB: *mail shot, mass mailing.* postage. Arrosage massif des boîtes aux lettres, à des fins commerciales notamment. **publipostage, diffusion en gros, envoi en nombre, multipostage publicitaire, matraquage postal, toutes-boîtes** (Belgique).

MAINSTREAM

courant dominant, **grand public, tendance principale, tendance dominante, culture populaire**, péjorativement: **sous-culture.**

MAJORETTE: tambour-major

Nous abusons de mots en *ing.* Les Anglo-Saxons raffolent du suffixe ette: *drum majorette, caravanette, dinette*: petite salle à manger, *glamourette, kitchenette, maisonnette*: duplex, *marinette, leatherette*: cuir synthétique, *superette, usherette*: ouvreuse.

MAKE-UP

maquillage, fond de teint, fard, grimage, anti-âge, **badigeon.** *Elle se badigeonna copieusement la façade avec son anti-âge.*

MAKING-OF (a film): fabrication d'un film

film du film, docufilm, cinémarge, coulisses du tournage, arrière du décor, cuisines, revue de tournage (Québec), **bêtisier filmique.**

Reportage sur le tournage d'un film ou d'une œuvre télévisée. ❷ les **dessous d'une affaire**.

MAMMY

mamie, mémé. Les Irlandais disent maman!

MANAGEMENT

mot français prononcé *manadj'meunt*. **gestion à l'américaine, gouvernance, gestion, administration**.

MANAGER

manageur, gestionnaire, organisateur, gérant, impresario, technocrate, ☺ **ménage-heures**. *Le ménage-heures économise son temps.*

💣* MARKETING: marchéage

❶ ❀ **mercatique, étude de marché, observation des marchés**; ❷ **commercialisation, prospection des marchés, mise en marché, promotion des ventes, stratégie commerciale, logistique commerciale, marquétinge.** *Entre le marteau multimédia et l'enclume marquétinge,* Martin de Viry. ☺ **marque-éthique.** Comportement loyal et honnête d'une entreprise.

MASTER

GB: *master's*. maître ❶ ❀ **mastère** diplôme postuniversitaire; ❷ **bande mère, souche, matrice.** Forme qu'utilisent les techniciens de l'audiovisuel.

MATCH: rivalité

❶ **rencontre, compétition, combat,**

critérium, duel, tournoi, choc. *Le choc entre l'O.M. et le P.S.G.* ❷ **rivalité, confrontation, affrontement, épreuve de force, bras de fer.** *Le bras de fer Washington-Moscou.*

McDonald's®

♥ **maquedot.** *Le maquedot, c'est pour les jeunes, les désargentés et les obèses.* ♥ **Brpc.** bouffe rapide pas chère. Ces *plus beaux musées du monde* (Andy Warhol) sont en fait les palais du stèque haché beurguerisé. ☺ **Mac Donald.** Maréchal d'Empire prêt à se faire hacher menu pour Napoléon, puis partisan d'une Restauration rapide.

MEDIAPLANNING

Jargon de communicants et de publicitaires en manque de vocabulaire. **campagne de communication, de promotion** ou **publicitaire, plan médias, plan com.** Document regroupant les insertions prévues dans les supports de presse choisis pour une campagne publicitaire.

MEETING

❶ **rencontre, assemblée, réunion**; ❷ **rassemblement, manifestation, métigne.** *Il ne manquait aucun métigne, d'où il rentrait abîmé par la police.* Henri Calet, *Le Tout sur le Tout.* **métingue.** Dans le *Métingue du métropolitain*, Mac Nab fait rimer métingue avec zingue, bastringue et chlingue. **cour du roi Pétaud.** Métingue pagailleux.

MELTING-POT

pot de mélange, **creuset,** ♥ **creuset métisseur, brassage.** *Les EUA ont plus juxtaposé les peuples que réussi à les brasser.* ♥ **métisserie.** *La métisserie à la française est un échec.* ☺ **mêle-tes-peaux.**

MERCHANDISING

transaction commerciale ❀ **marchandisage.**

MESS

de 🕊 **mes/mets**, plat, **cantine, réfectoire des officiers, popote.** *En Algérie, de Gaulle fit la tournée des popotes.* ☺ **rata-poêle.** ∞ messe, Metz

MISS

mademoiselle, mamzelle, 🗣 ☺ **madamoiselle.**

MISS France

☺ Prix Nos Belles.

MIX

mélange, combinaison, amalgame, panachage.

MIXING: mixage, **montage.** Assemblage des prises de vues d'un film en vue de sa forme finale.

MMS: message multimédia

☺ Message Merdiquement Succinct.

MOBBING

❶ **psychoterreur, harcèlement moral;**

❷ **mise au placard.**

MOBIL-HOME ou MOTOR-HOME

maison mobile ❀ **auto-caravane,** ♥ **maison à roues, maison motorisée, maison-roulotte, roulotte-résidence.**

MONEY-MAKER: faiseur d'argent

♥ **argentifère**, 🕊 **mandrogier.** Au Moyen Âge, la mandragore avait, entre autres pouvoirs surnaturels, celui de faire venir l'argent. **raque-denier, magoteur, ramasse-gros, mamonniste.** De Mammon, dieu personnifiant le goût excessif pour l'argent. 📢 **flouzeur**, ♥ **fric-auteur.** *Bernard Tapie, sacré fric-auteur!*

MONEY-TIME

temps de l'argent. **moment de gagne.** Dernières minutes d'une rencontre durant lesquelles les équipes essaient d'emporter et la partie et le gain financier qui s'ensuit.

MONITORING

de *monitor*: moniteur ❶ ❀ **monitorage.** Procédé de surveillance d'un système complexe. **télésurveillance, surveillance** électronique; ❷ **vigie médicale, œil-de-cœur, sentinelle.** mot utilisé par les infirmières, 🗣 **santénelle.**

△ 💣 MOYEN-ORIENT

calque de *Middle East*, anglicisme inapproprié. Le Moyen-Orient est la partie centrale de l'Asie, Pakistan, Inde, Bangladesh, opposé aux Proche et Extrême-Orient. **Proche-Orient, Orient arabe, Levant, Échelles du Levant, Croissant fertile, monde arabe, pays de l'or noir,** ☺ **terres, or, isthme.**

MUG

tasse, pot, choppe, godet, tasse (Québec).

MUSIC-HALL

halle de musique. **café-spectacle, cabaret,** 🕊 **café chantant, caf'conc', beuglant.** *accompagnatrice dans un beuglant de quartier*

Colette, *Le Toutounier*. 📢 **musicos**, **musicôle** Roger Nimier, **miousic-hall** Barbara, **paillettes**, **zizique et petites pépées**.

MUST

ce qui se doit. Il ne viendrait pas à l'idée d'un Anglais de dire *a must*. Il dirait un *must-have* ou The Economist *is a must-read*.
❶ **objet-culte**, **objet mythique**, **chose de rêve** ;
❷ **nanan, suc, l'essentiel, quintessence, nonpareil, l'inégalable, fin du fin, fleur, extase, crème de la crème, nec plus ultra, pentacle.** Symbole de la perfection. 📢 le **pied**.

N

NAMING

Création de noms de marques et d'adresses électroniques.
nommage, **attribution d'un nom**, **dénomination**, **autopromotion**, ♥ **appelance.** *Des boîtes spécialisées vous trouveront l'appelance adéquate.*

NETWORKING

mise en réseau ❶ **interconnexion**, **maillage**, **chaînage**, **entrelacement** ; ❷ **réseautage**, activation des réseaux ; ❸ **gestion d'un réseau**.

NEW DEAL

nouvelle donne, nouveau départ, pacte ou accord. Laissons leur appellation aux faits historiques majeurs : *New Deal*, crise des *Subprimes*, *Aufklärung* (Allemagne), ère *Meiji* (Japon), *Risorgimento* (Italie), *Perestroïka* (ex-URSS)… Sinon : **plan de relance**, **refondation**, **Grenelle** de ceci ou cela.

♗ NEW-LOOK

aspect, style nouveau, nouvelle ligne. Mot lancé en 1948 par Christian Dior pour attirer de riches clientes étrangères. **à la mode, mode américaine.**

NEWS

nouvelles, infos, actualités, actu, brèves, dernières nouvelles, échos.
NEWSLETTER: lettre d'information, **infolettre, bulletin d'information, cybernote, cyberbulletin, cyberlettre, netzine, périodiciel.**
NEWS MAGAZINE: magazine d'informations, **magazine, hebdo, périodique.**

NIGHT-CLUB

EU: *nite club.* **boîte de nuit, boîte, cabaret, centre de loisirs de nuit, lieu de semi-absence** Roland Barthes, client assidu du *Palace*, **sidagogue** Abidjan, **naïte-clobe** San Antonio, ☛ *dancing*
NIGHT-CLUBBING: ♥ **noctamboîte, maladie des mondanités** Andy Warhol, 🗣 **ténébriété,** ☺🗣 **mondanuitée.**

NINETIES

années nonante Belgique.
TWENTIES: **années vingt, années folles, Belle Époque,**
FOURTIES: **années noires,** puis **années zazou,**
FIFTIES: **années bonheur,**
SIXTIES: **années yé-yé,**
SEVENTIES: **années soixante-dix,**
EIGHTIES, NINETIES: **années crise.**
NOUGHTIES: **années 2000.**

NOBODY'S PERFECT

Formule popularisée par la réplique finale de *Certains l'aiment chaud* de Billy Wilder en 1959. **Nul n'est parfait, La perfection n'est pas de ce monde.**

NO COMMENT

Sans commentaire ! **Passons !**

NO MAN'S LAND

terre d'aucun homme. À Londres au Moyen Âge, lieu d'exposition des suppliciés pendus, décapités ou empalés hors la muraille de la City, sur des terrains vagues où personne ne voulait, après, habiter. Expression apparue pendant la Grande Guerre. ➊ **terre des morts, terre maudite, terre inhabitée, terre nulle** ; ➋ **entre-lignes, entre-tranchées, lignes de démarcation, zone dévastée,** ☺♥ **terre-à-canon.** *La terre-à-canon est grande débitrice de chair à canon.* ➌ **zone frontière, entre-frontières, zone interdite, espace neutralisé, zone désertée,** ♥ **entre-deux-terres.**

NOMINÉ

personne désignée, **nommé, cité, choisi, présélectionné, sélectionné, désigné, appelé, qualifié, pressenti, retenu, finaliste.** ☺ **nos minets**

NONSENSE : dépourvu de bon sens

➊ **absurde, déraisonnable** ; ➋ **délire cocasse, surréalisme à l'anglaise, absurdité, ineptie, déraison, sottise, bêtise, fadaise, dinguerie,** **coquecigrue, absurdie** Raymond Devos, ☺ **ionesconade** d'Ionesco, roi d'Absurdie.

NON-STOP : sans arrêt

❶ **sans fin, sans cesse, sans halte, sans répit, sans trêve, d'affilée, ininterrompu, sans discontinuer, sans débrider, sans désemparer, sans baisser les bras, à jet continu, 24 heures sur 24, jour et nuit, sans accalmie** (Québec) ; ❷ **d'une traite, sans escale.** *Un vol sans escale.*

NO PROBLEM

C'est d'accord ! Ça marche ! Pas de souci !

♚ NO SHOW

non vu, **défaillant.** Passager absent au moment de l'embarquement. Ce faux anglicisme en a sécrété un autre : *go show,* présent.

△ NOTEBOOK

carnet, **portable**. Ordinateur de taille très réduite servant surtout au traitement de texte.

NUGGETS

pépites, **beignets**, **beignets de poulet.** Morceau de poulet pané et frit. ⁂ ⚘ **noguette**. Sobriquet donné jadis aux servantes et apprenties lingères.

△ NURSE

de ⚘ **nurice** : nourrice, **neurse** R. Queneau, ❶ **infirmière**, ❷ **garde-malade**, ❸ **bonne d'enfants**, ☛ *baby-sitting* ❹ **gouvernante**.

NURSERY

crèche, pouponnière, jardin d'enfants, garderie, ⚘ **nourricerie.** *Ah, Nourrice, charmante Nourrice, ma médecine est la très humble esclave de votre Nourricerie.* Molière, *Le Médecin malgré lui.*

△ NURSING

➊ **soins de confort.** Soins donnés aux grabataires. **soins infirmiers, soins gériatriques, maternage.** Soins qu'il faut assurer aux personnes opérées, comateuses ou impotentes. **auxiliarité de vie, aide-vie, couchage.** Mettre des couches aux vieux incontinents et les aider à se coucher. 🗣 **veillart**: veille + vieillard + art; ➋ **soins-coma.** Soins infirmiers donnés aux personnes inconscientes ou plongées dans un coma.

NYLON

Pendant la guerre du Pacifique, les services secrets américains lancèrent ce message : NYLON. Les Japonais décodèrent avec peine *Now You are Lost Old Nippons* : maintenant, vous avez perdu, vieux Japs !

O

OF ☛ *on*

✲●* △ OFF

hors de. Mot trompeur puisque le *off* est ce qui n'est pas *officiel*. **inofficiel, en privé, en douce, dans les coulisses, en catimini, discrètement, à l'abri des regards.**

✲●* △ (Festival) OFF

d'*off-official* : hors de l'officiel. Mets sur les tréteaux. **hors les murs, à l'écart de, en marge de,** ♥ **contre-festival, théâtre inofficiel, non subventionné** l'opposé de l'officiel, subventionné (*in*). ♥ *Off t'as l'mot*, eh, cultureux aveugle !

💣* △ OFFSHORE

❶ ❀ **en mer, au large, au large des côtes, en haute mer, hauturier, marin, hors des eaux territoriales, pélagique** du grec *pelagos*, **pleine mer, extraterritorial, délocalisé** ; ❷ **hors lieu, hors place, hors frontières** pour une banque *en mer* qui a les pieds bien sur terre ! *Onshore* fleurira-t-il pour dire **continental, sur la terre ferme** ? ❸ **société-exotique** du grec *exôticos*, étranger, sens étendu à ce qui est anormal, **société-écran, fictive, bidon, prête-nom, boîte aux lettres, société sous-fiscalisée, à privilèges fiscaux** ou **paradisiaquement fiscale, société-lessiveuse** qui recycle l'argent sale ; ❹ faire de l'*offshore* : **trafiquer, blanchir l'argent sale.** Autrefois, être dans l'*export-import* c'était trafiquer. Maintenant, on fait de l'*offshore* !

OFF THE RECORD

officieux. **hors micro, hors antenne, non enregistré, en aparté, officieusement, confidentiellement, en privé, pour votre information strictement personnelle, ne pas divulguer, hors compte-rendu, information sous embargo, huis clos, de vous à moi.**

O.K. ou OKAY

❶ **oui, oc, affirmatif, bon, entendu, volontiers** ; ❷ **d'accord** ; ❸ **bien ! tout va bien, ça va, ça convient, ça marche, c'est parfait.**

OLD FASHIONED

façon vieux, **démodé, hors de mode, à l'ancienne, à la mode d'antan, à contre-courant, inactuel, désuet, obsolète, suranné, vieux jeu, vieillot,** ✿ **vertugadin, anachronique, rétrograde, rétro, ancienniste, antiquité, arriéré, archéo, paléo, archaïque, d'avant le déluge, antédiluvien, du temps de Mérode.** *Mes robes datent de Mérode.* **caduc.** *Ce qui était bon hier est caduc aujourd'hui.* Chateaubriand.

revenez-y. Retour vers le passé, vers les vieilles habitudes. *Des revenez-y de jeunesse.* 📢 **ringard, nanard, rossignol.** Ce qui est passé de mode. 🗣 **vêtéran.**

ONE-MAN SHOW

spectacle d'un seul homme ❀ **spectacle solo, solo, seul-en-scène,** ☹ **seul-à-salle,** ☹ **moine manchot.** *Pour épater la galerie, il disait moine manchot au lieu de seul-en-scène.* ☛ *stand-up*

ON LINE

en ligne.

ON/OF

ouvert/fermé. **allumé,** en **marche**/à l'**arrêt, sous tension/hors tension, connecté/débranché.**

OPEN

ouvert ❶ **tournoi ouvert**; ❷ **billet ouvert,** à date libre, à validité prolongée.

OPEN BAR: **boissons à volonté**

OPEN DATA: **données ouvertes.** Données publiques accessibles en ligne, en principe gratuitement.

OPEN DOOR: **portes ouvertes**

OPEN DOOR SYSTEM: **hôpital ouvert, libre aller.** Liberté de mouvement des malades mentaux qui peuvent entrer et sortir de l'hôpital.

OPEN SPACE: espace ouvert. **espace** ou **bureau paysagé, bureaux décloisonnés, plateau.**

OPERATOR

opérateur, **exécutant, agent traitant, exploitant, instrumentaire** : celui qui instrumente, qui sert de moyen. **maître d'œuvre, cheville ouvrière,** ♥ œuvrier

Le voyagiste est un œuvrier du tourisme.

OUT : dehors

❶ **sorti** ; ❷ **hors du coup, démodé, dépassé** ; ❸ **hors jeu, hors de combat, vaincu.** ☞ **août**

OUTDOOR

hors les portes, en **plein air**, au **grand air.** *La vie au grand air.* **sports nature, loisirs verts.**

OUTING

sortie, aveu, révélation. **déclaration d'homosexualité** ou d'autre chose, **transparence sexuelle,** ☹ **plaidoyer pro homo** ☛ *coming-out*

OUTPLACEMENT

placement à l'extérieur, **reclassement professionnel, reconversion, réaffectation, seconde carrière.**

OUTPUT ☛ *input*

OUTSIDER

qui se tient dehors. **candidat surprise.** *Un candidat surprise coiffa les favoris sur le fil.* **candidat inattendu, déjoueur de pronostics, hors-favori.** *Hollande était le hors-favori de la primaire socialiste.*

OUTSOURCING

extériorisation, **sous-traitance**, **externalisation**, **approvisionnement à l'extérieur**.

OVERDOSE

dose excessive, au-dessus de la dose ❶ **surdose**, **dose létale**, ♥ **outredose.** *Il est mort d'une outredose d'extasie.* ❷ **abus**, **excès**, **saturation**, **j'en ai assez**, **ras la casquette**, **ras le bol**.

OVERLOAD

GB: *information overload.* **surinformation**, **surcharge d'infos**, **infobésité** (Québec), **surcharge cognitive**, **sensorielle**, **trop-plein de communication**, **de connaissances**.

OVERSIZE: au-delà de la taille

surdimension, **outre-taille**, **surcote**, **surdiamètre**.

OXBRIDGE

Oxford + Cambridge. Pour les grandes écoles françaises, ÉNA Normale Sup/ULM, Polytechnique/X, au choix: **ULMIXÉNA**, **ÉNULMIX**, **XULMÉNA**

P

PACEMAKER

faiseur de rythme, de cadence ❶ **stimulateur cardiaque**, **pile cardiaire**, **stimule-cœur**, ♥ **acticœur.** *Avec son acticœur, il vécut vingt ans de plus.* ❷ **lièvre**, **meneur de train**.

PACK

❶ **paquet, colis, fardelet**; ❷ ⚽ **paquet, paquet d'avants, collectif**; ❸ **banquise.**
PACKAGE: ❶ **ensemble, forfait, tout-compris**; ❷ **emballage.** ✍ **pacquage.** Opération consistant à pacquer (entasser du poisson salé) dans un baril.
PACKAGE DEAL: marchandage ❶ **contrat global, marché global**; ❷ **règlement global, négociation d'ensemble, accord-paquet, corbeille.** terme d'usage pour les grandes négociations internationales. *La corbeille d'Helsinki.* ✍ **pacquage d'île.** *Aux Féroé, on pratique le pacquage d'île.*
PACKAGING: paquage ❶ **emballage, embellage, habillage, plastifiage**; ❷ **conditionnement, paquégique**; ❸ **stylisation, présentation** d'un produit.

PAD

tablette tactile, tablette, ardoise.

PAINTBALL

Jeu de guerre consistant à peinturlurer les adversaires avec des pistolets à balles peintes d'un coloris lavable. ☺🗣 **peintuerie**!

☠ PALMTOP

EU: *palmtop computer.* Type d'ordinateur qui tient dans la paume de la main. **ordinateur de poche.**

PANTY

gaine-culotte, gainette. ☺ *Que font les demoiselles après l'amour? Eh bien, elles se repantyssent.*

PAPERBOARD

tableau-papier, **tableau à feuilles, chevalet** ou **tableau de conférence**.

PAPY

grand-père, papi, pépé, papet (Provence).
PAPY-BOOM: essor des papis, **hiver démographique, vieillissement démographique, vieillardisme, grisonnite, séniorat, retraitariat, tontonnat, gérontat, cacochymat.** Stade ultime du gérontat. **panthères grises, âge d'or** (Québec). *À l'âge d'or, on dort beaucoup.* ☺ **les vieux qu'ont de l'âge.**
PAPY-BOOMER: ☺ **quinquajeunaire**.

✤✤* PARKING: action de se garer

GB: *parking place, parking space* ou *garage*, EU: *car park, parking lot, parking area* ✿ **parc** ou **aire de stationnement, parc-autos, garage, parc gardé, case de stationnement** (Strasbourg), **case de voiture** (Suisse), **station de péage** (Québec), **garoir** (Zaïre).

PARTNERSHIP

partenariat, association, alliance, participation, société en nom collectif.

PARTY

divertissement concerté à plusieurs, **partie, fête.** Depuis des siècles, on dit: partie de plaisir, de campagne, de jardin (*garden-party*), de chasse, de pêche (*hunting, fishing party*) partie de thé (*tea party*), de surprise (*surprise party*), de délire (*rave party*), fine, carrée (*tag party*).

PASS

♥ **passe.** *Pour entrer, il fallait un passe.* **laissez-passer**.

PASSING-SHOT

tir en passant ❀ **coup imparable** Académie française, **coup passant, coup débordant**.

PATCH : pièce, morceau de rapiéçage

❶ **timbre**, ❷ **mini-pansement**, ❸ **rustine**.

PATCHWORK : rapiéçage

❶ **assemblage, mosaïque**, ouvrage composé de plusieurs pièces, **mosaïne, arlequine, chamarrure, marqueterie, kaléidoscope, manteau d'Arlequin**, 🕊 **rhapsodie**. Assemblage disparate. **diaprure** de *diaprer*, parer de couleurs, d'ornements divers ; ❷ **salmigondis, fourre-tout, mélange disparate, de bric et de broc, bouillie pour les chats, caméléonade**.

PAY-PER-VIEW

payer pour voir, **télévision à la carte, à la demande, paiement à la carte, à la séance**

PEANUTS !

arachides, cacahuètes, **clopinettes, bagatelles, gnognotte, haricots, prunes** !

PEDIGREE

de 🕊 **pie de grue** ❶ **ascendance, généalogie, origines, lignée, arbre généalogique** ; ❷ **CV, bio, trajectoire, cours de vie, pédigré** Bernard Pivot. ☺ **pied tigré**.

PEELING

pelage, épilation, **exfoliation, desquamation**. ☛ *lifting*.

PEEP-SHOW: spectacle d'épiage

♥ voyeurette, matodrome, mirodrome, ☺ mire-adore, ☺ spectacle à mateurs. ➰ pipe chaude

PENALTY

pénalité, de ✾ **penalte** ❶ **tir de** réparation, **onze-mètres.** *L'arbitre siffla un onze-mètres, Platini réussit ce tir de réparation.* 📢 **péno ;** ❷ **tirs au but.** En fin de rencontre et en cas d'égalité.

PEOPLE

les gens. EU : *beautiful people.* **pipole, célébrités, notoriétés, gente célèbre, fortunée, mondains, gens en vue,** 🗣 **médiastres, haute société, beau linge, gratin, Tout-Paris, grand monde.** *Les dames du grand monde ne sont pas toujours du meilleur,* ✾ **haut parage, gens huppés.** *Ma foi, Madame, on en peint tous les jours, et des plus huppés, qui ne me valent pas.* Marivaux. ✾ **fleur des pois.** Personnes qui se piquent de supériorité en distinction et en élégance. *Les revues* Gala *et* Voici *exhalent la fleur des pois.* ♥ 🗣 **icônoclasse.** Les gens huppés qui défraient la chronique par leur conduite extravagante. *Les médias épient les faits et gestes de l'icônoclasse.* ☛ *VIP, jet-set*

PERFORMER: performeur

❶ compétiteur, médaillé, podiomé ; ❷ artiste, interprète, soliste.

PHONING

GB : *cold calling.* téléphonage, **démarchage téléphonique, relance téléphonique.** Relance de particuliers à domicile.

PHOTO-FINISH

photo d'arrivée, photo-barbiche.

PICKPOCKET

fouille-poches, **voleur à la tire, à l'arraché, vide-gousset, détrousseur, escamoteur,** 🔊 **piqueur, poissard.** Voleur qui a, en quelque sorte, des mains qui collent avec de la poix. **tire-laine** (Québec), **deux-doigts** (Côte d'Ivoire), **pique-poquète** San Antonio.

PICK-UP

prendre, ramasser, **piqueupe** R. Queneau, ❶ **voiture-camionnette, camionnette découverte, autobrouette, bâchée** (Burkina-Faso). *On est allé en bâchée de Ouaga à Bobo-Dioulasso.* ❷ **tourne-disque, électrophone**; ❸ **ramasseuse, ramasseuse-botteleuse, ramasseuse-presse.**

PIDGIN

Prononciation chinoise de *business*. **anglais des affaires, petit anglais, petit nègre.** ☛ *globish*

☠ PIERCING

perçage de 🕊 **percier**, percer. GB: *body piercing*, perçage du corps, **perforation, modification corporelle, art corporel, perforation rituelle,** ☺ **troue-peau.**

PING-PONG®

tennis de table, pigne-pongue. *Corneille était doué de talents multiples au virelay-poictevin, à la paulme-racquète, au pigne-pongue.* Boris Vian, *Vercoquin et le plancton.*

☠💣* PIN'S

Monstruosité syntaxique et faux anglicisme démodé comme la chose elle-même. Raison de plus d'avoir dit ou imaginé ❀ **épinglette,** 🕊 **affiquet, emblème, macaron, insigne, pinnule**: petite plaque de cuivre, **épingle de revers**, **marque-veste**, **médaillette**, **fibulette**, **accrochette**, **blason-veste**, **métal inventif**, **sémiophor**: Objet visible investi de signification. ♥ **futilette.** *Tant que la mode des futilettes dura, Alfred en collectionna.* ☺ **téton pivotant**.

PIN-UP

épinglé. GB: *pinup girl*, fille à épingler, **fille de papier glacé**, **pineupe pinupe** R. Queneau. *Un hiératisme de pinupe.* Jacques Perret, in *Bâtons dans les roues.* **sexciteuse.** *Cette nana, quelle sexciteuse!*

PITBULL

Chien féroce élevé au départ pour combattre à mort des taureaux (*bulls*) dans des arènes (*pits*). ♥ **piteboule**, **chien-mâchoire.** Capacité de morsure: 100 kilos de pression au cm^2. **molossoïde**, **molosse d'agression**, **gros mordant**, **boule-de-muscles**, **requin-sur-pattes**; ❷ **individu très agressif**.

PITCH: lancer, promouvoir un produit

Brève présentation d'un film, d'un livre, ou introduction d'un sujet, pour le lancer. ❀ **résumé**, **condensé**, **abrégé**, **présentation**, **lancement** d'un sujet, **argumentaire**, démonstration, **planter de** décor.

PLAN LOVE

plan d'amour. Expression des *djeunes* qui ignorent **rendez-vous galant**, **rencart amoureux**, **plan cul**.

PLANNING

EU: *schedule*, *programme*. Terme confondant ❶ le temps: échéancier, **calendrier**, **emploi du temps**, **semainier**, **journalier**, **plannuel**®, **agenda**, **éphéméride**, **chronotomie**; ❷ l'espace: ❀ planification

organisation, **programme** de travail, **plannigramme**, **plan** d'opérations, **scénario**, **séquencier**, **organisation programmée**, **tableau de service**, **ordo** pour les prêtres.

♣♠* PLANNING FAMILIAL

calque de *family planning* ❀ **régulation des naissances**, **natalité dirigée**, **planification des naissances**, **enfantement programmé**, **planisme familial**, **prévision familiale**, **orthogénie**, **procréation maîtrisée**, **guerre aux ventres**, **anovulation**, **maîtrise de la fécondité**, **abstinence** ou **onanisme conjugal**. « Contrôle des naissances » est impropre. *Hérode ordonna un contrôle des naissances à l'époque où Jésus naquit. La Chine limite les naissances à un enfant par famille, sous peine de lourdes amendes.* ☛ *birth control*

PLAY-BACK : Jeu en retour

❀ **présonorisation**, **présono**, **préenregistrement**, **réécoute**, **surjeu**, **en différé**, **contre-jeu** Québec.

PLAY-BOY : Jeune comédien

❶ **baladin**. *Le Baladin du monde occidental*, traduction exacte de *The Play-boy of the Western world*, pièce de J.-M. Singe. ❷ **jeune beau** l'opposé du vieux beau, **jeune premier**, **beau garçon**, **beau gosse**, **beau mec**, **Adonis**, **séducteur**, **tombeur**, **beau ténébreux**, **brise-cœur**, **mirliflore**, ✿ **galantin**, **dameret**, **mignon de couchette**, **femmivore** San Antonio. ❸ **fêtard**, **jouisseur**, ✿ **sybarite**, **viveur** (Québec), (Zaïre).

PLAY-GIRL

séductrice, **viveuse**, ✿ **pimpesouée.** Femme coquette qui se pare pour plaire. *Voila une belle mijaurée, une pimpesouée bien bâtie pour vous donner tant d'amour.* Molière, *Le Bourgeois gentilhomme*.

PLAYLIST

liste de chansons à passer, sélection musicale, liste d'écoute, de lecture, de diffusion.

PLAYMATE: camarade de jeu

❶ **égérie du mois.** Femme dénudée posant comme modèle pour le dépliant central du magazine *Playboy.* ❷ **jolie nana, belle plante.**

PLAY-OFF

départage, belle, barrage, prolongations décisives, phase finale, tour final, tournoi final, poule finale.

PLÉONASMES ET OXYMORES

Le mélange des parlures aboutit à des incongruités. Sont ainsi pléonastiques les expressions: dîner *chez Maxim's* ou prendre l'apéro *chez Fouquet's*: on dîne chez Maxim ou on fait un repas Maxim's, on picole au Fouquet. *Votre attention, s'il vous plaît*, influencé par *Your attention, please* au lieu d'Attention, s'il vous plaît; *mâcher du chewing-gum, to chew*: mâcher; *un* ballon *de foot*ball; une compilation de *best-of*; un *budget* prévisionnel: un budget, c'est toujours une prévision de dépenses et de recettes; les négociations du Doha *Round*: un *round*, c'est une négociation; un direct *live*; un *revolver* à barillet; l'intimité du *home*; *sexospécificité*: quoi de plus spécifique que le sexe? Relèvent de l'oxymore: le *short long* cher aux magazines de mode féminins: Mesdames, portez cet été des shorts longs! un *camping sans tente* entendu à la télé; *week-end de* Pâques qui comporte un lundi! après le *roast-beef de mouton*, voici le *beefsteak de cheval* que des trafiquants ont mis sous barquette. Bientôt le *horsteak de* bœuf?

PLUG(-IN)

branché. ❀ **module d'extension, greffon, plugiciel, greffon-logiciel.** Fichier compressé qui complète un logiciel hôte pour lui apporter de nouvelles fonctionnalités.

PODCAST

EU : *pod broadcast.* Émission de radio ou fichier audio téléchargeable depuis l'Internet sur lecteur audio ou sur ordinateur. **balado** (Québec). PODCASTING : Mode de diffusion sur l'Internet de fichiers audio ou vidéo téléchargés à l'aide de logiciels spécifiques afin d'être transférés et lus sur un baladeur numérique. ❀ **téléchargement, diffusion pour baladeur, baladodiffusion** (Québec), **glyjection** J.-P. Cossart, du grec *glypho*, graver, et *jeter*, d'où **glyjection, glyjeter, glyjeteur et glyjeté.**

POINT DE NON-RETOUR

calque de *point of no-return* : endroit sans-retour

❶ **impasse, cul-de-sac, sans issue** ;

❷ **irréversible, irrattrapable, irrévocable, irrégressible** du latin *irregressibilis* : sans retour possible.

POLE POSITION

position de tête, tête, position de pointe, pointe, prime position. *Au départ Prost était en prime position.*

POLITIQUEMENT CORRECT

expression tarte calquée sur *politically correct* et euphémisme pour **parole restreinte** au pays de la Liberté. Voici vingt-sept autres équivalents : **euphémisme politique, opinion dominante, pensée unique, prêt-à-penser, conformisme dictatorial, terrorisme intellectuel, tyrannie des minorités, gommage de l'esprit, jugement édulcoré,**

censure douce, tabouisme verbal, police des mots, autocensure, refoulé du permissif, code des interdits, verrouillage du logos, langue de bois ou **xyloglossie, police du langage,** ♥ **novelangue.** Adaptation de *novlang*, idiome imposé par *Big Brother* dans *1984* de George Orwell. **bien-pensance, tyrannie du « Bien », néo-orthodoxie, nouvel ordre moral, truisme humaniste, comédie des bons sentiments** ou **angélisme purificateur**? **moralisme castrateur**: émasculation de l'opinion libre, qui se rattrape sur les réseaux sociaux. **dogmagogie**: mélange de dogmatisme et de démagogie. *La classe politique fait couler à flots médiatiques la dogmagogie.* **éthiquête**: *mixture* écrite d'éthique quêtée et d'étiquette, *l'éthiquête affiche la morale recherchée.*

POM-POM GIRL

Jeune fille à pompons aux couleurs d'une équipe sportive qu'elle encourage au moyen d'un spectacle (chants, danses, figures acrobatiques) lors d'événements ou championnats. **pompomette.** *Les pompomettes chauffaient le stade avant la rencontre de baise-bôl.* **meneuse de claque** (Québec), Nouveau-Brunswick pour *cheerlearder*, autre nom des *pom-pom girls.* **majorette.**

* POOL: étang, mare, lac

❶ **centre**; ❷ **poule** sportive; ❸ **atelier**; ❹ **équipe de journalistes**; ❺ **groupe** de travail; ❻ **entente, coopération, communauté, groupement, comptoir, centrale, consortium**; ❼ **tour de table** financier, **poule.** *La poule financière pond des œufs d'or.* ❽ **syndicat de prise ferme, syndicat de garantie**; ❾ **bain** en audiophonie; ❿ **groupe génétique.** Ensemble de caractéristiques propres à une population. **poule**

POP-CORN

de *popped corn*, maïs éclaté. **maïs soufflé**, **tac-tac** (Louisiane). Bruit que font les poulets en mangeant les grains de maïs.

PORNO STAR

étoile du porno ♥ **porneuse**, **bête de sexe**, ♥ **belle-de sexe**, **lèvres-en-feu**: surnom donné à une nymphomane dans le film américain *M.A.S.H.*, **cochonnette**: surnom de la porneuse italienne Cicciolina: petite cochonne.

💣* POSTER

sonorité fâcheuse: *poster*/imposteur, *postère*/*postérieur*: cul
affiche décorative, **maxiphoto**, **murimage** Académie des enfants, ☺ **postaire-rieur**: affiche cucul mais amusante. ☞ **poster** *Je vous ai hier posté l'affiche décorative.*

💣* POST-IT®

colle-le! **papillon**, **papier adhésif**, **colle-note**. ☞ **posthite** Inflammation du prépuce.

PRÉREQUIS

de *pre-requisite*. **conditions requises**, **exigées**, **préalables**, **préalables**: condition(s) à remplir pour entreprendre une action, une démarche, ou exercer une fonction.

PRESS BOOK: livre de presse

album de presse, **dossier de presse**, **CV** ♥ **référencier.** Dossier ou album des références d'un artiste. *Quoique jeune, Nolwenn a déjà un référencier impressionnant.*

PRESSING

de *pressing machine*. GB: *dry-cleaning*. Repassage à la vapeur en pressant le vêtement. ❶ **pressage, nettoyage à sec, blanchisserie, laverie, teinturerie, nettoyeur** (Québec), **blanchecaillerie**, ☺ **presse-linge.** *Jean-Joseph donna ses chemises au presse-linge.* ❷ **pression, pilonnage, marquage à la culotte**; ❸ *faire le pressing*. GB: *to put on pressure*: **mettre la pression, presser le mouvement, pilonner, hâter, précipiter, poursuivre sans relâche, prendre à la gorge.** ☛ *forcing*

PRIME-TIME

Tranche horaire durant laquelle l'audience télé ou radio est la plus forte et où l'on programme des émissions grand public, faciles et plaisantes, afin de maximiser les recettes publicitaires. **émission d'avant-soirée, avant-soirée.** *À la télé la guerre de l'avant-soirée s'intensifie. Le Figaro*, 18/09/2013. ♥ **capte-audience, audimax** J.-L. Campolonghi, **grande écoute** (Belgique), **émission d'appel, de grande écoute, de pointe, de première partie de soirée,** ♥ ☺ baroud d'heure.

△ PRIVATE EQUITY

EU: *private equity funds*. **capital non coté, capital-investissement**, qui revêt quatre formes: **capital-risque, capital-développement, capital-transmission, capital-retournement.**

PROCESS

de *processing*, traitement. **processus, procédé, procédure, méthode, système, mode de traitement** ou **de fabrication, opération technique.**

PROFILING

profilage: établissement du profil psychologique d'un criminel recherché, tueur en série notamment, en fonction d'indices recueillis par les enquêteurs. 🗣 **profilair**: forme de carrosserie étudiée pour présenter le minimum de résistance au vent.

PROFIT WARNING

avertissement, avertissement financier. *Le chroniqueur boursier lança un avertissement sur EuroTunnel.*

PROMPTER®

souffleur. EU: *teleprompter telecue*, GB: *soufleur.* **prompteur, télésouffleur** (Québec). L'appareil ne souffle pas! On lit le texte qui se déroule devant soi. C'est donc un **déroulant** ou un **télétexte**.

PRONONCIATION ABERRANTE

cent: prononcé *cen't* (centime d'euro), **challenge**: *tcha-leindj'*, **coche**: *kôtche* ou *keuw'tch*, **junior**: *djunior*, **management**: *manadjmeunt*, **mortgage**: *morregueye'je*, **OTAN**: *otannnne*, **mail**: *meye'leu*, *mêêl* ou *meye*, **suspense**: *suspen'c.* Mêmement, on ouït *nèye'tcheurre* et *sayeunne'ce*, titre des revues scientifiques Nature et Science. L'on entend *tchicago* pour **Chicago** à prononcer comme chicorée. **Israël**: *Izraël* au lieu d'Issraël, **New York**: *Niouyork* au lieu de Nouillork, **Roosevelt** qui s'articule Rosevelte et non *roux svelte.*

△ PUB

GB: *public-house* ♥ **peube, taverne, brasserie à l'anglaise.** **pub** abréviation de publicité

PUBLIC-RELATIONS

Calque de *public relations.* **diplomatie d'entreprise, relationnisme** (Québec), **communication,** 🗣 **communicaction.** *C'est un as de la communicaction: pas un jour sans qu'il envoie un message.*

△ PUBLIC-SCHOOL

Son nom ne l'indique pas, c'est une école **privée**, un **bahut privé**, un **grand établissement secondaire privé** dans les pays anglo-saxons!

PUDDING ou POUDING

de **boudin**. GB: *plum-pudding* ❶ **podingue, poudin.** *Je me crève de poudin.* Saint Évremond, **pain perdu, massepain,** ♥ **ploumpoudingue, étouffe-chrétien**; ❷ **conglomérat** rocheux.

PULL-OVER ou PULL

GB: *pull over sweater.* tire par-dessus, **chandail, tricot, gilet de laine, petite laine, poulover** F. Bruneau et Ch. Bruneau, *Précis de grammaire historique.* ♥ **pulovère, pullorose.** Maladie infectieuse et contagieuse. *Le malade de la pullorose portait un pulovère.*

PUNCH

du hindi *panch*, cinq, ainsi nommé à cause de ses cinq ingrédients. ❶ **bolleponche, ponche** *J'ai éponché ma soif au ponche.* **C.R.S.** (Antilles) : Citron, rhum, sucre. ❷ **pêche, tonus, allant, entrain, ressort, vitalité, battant, énergie, dynamisme, mordant, frite.**

PUNCHING-BALL

frappe-sac. GB: *punching bag.* **ballon de frappe, sac de frappe, frappe-sac, frappoir,** ♥ **asénoir.** *À l'entraînement, ce boxeur suait frappant sur l'asénoir.* ♥ **cognoir.** *Il bourra de gnons le cognoir.* ♥ **tape-tape.** *Il frappa à coups redoublés sur le tape-tape.*

PUNCHY

pêchu, tonique, dynamique, percutant, vigoureux.

PUNK

vaurien, pourri, délabré de **peigne-cul! marginal, extravagant, affreux, loqueteux, plouc**, 🕊 **bélître,** coquin, gueux, homme de rien 📢 **keupon**: peunque en verlan ♥ **peunque** graphie plaisante. *Au lieu de bélître ou peunque, il disait keupon.* Gardons *punk* pour ce genre musical.

PUSHY

arrogant, rentre-dedans, têtu.

PUZZLE

embarras, perplexité, question difficile, rébus, casse-tête (*Chinese puzzle*) ♥ **puzeul**: calque de la prononciation courante permettant **puzeleur, puzelage** et **puzeler**, ☺ dépuzeler: trancher un nœud gordien en entrant dans le vif du sujet.

Q

QUICHENOTTE

Quand jadis les Anglais occupèrent la France, la quichenotte protégeait les paysannes de Saintonge du soleil, du vent et de la pluie mais aussi des envahisseurs lorsque ceux-là les frottaient de près. *Kiss not!* criaient-elles. Cet avertissement vertueux aurait donné ce joli mot.

💣 QUICK

☛ *speed* ⚮ **couic**

☠ QUICK au tennis: de *quick drying clay.* **surface rapide**

QUIZ

de *quiz game* ou *quiz show* ♥ **quouize.** *Louise aimait les quouizes.* **jeu-questions**: concours par questions réponses à trouver dans un temps limité, avec des prix à gagner. *Au jeu-questions, elle était très forte.* **crochet du sphinx, sphinxiade**: référence au sphinx de Thèbes qui posait des questions difficiles. *Il y avait de beaux prix à gagner à cette sphinxiade télévisée.*

R

RACKET, ♟ RACKETTER

❶ **rapine, rançonnement, extorsion de fonds, spoliation**; ❷ **arnaque, vol, escroquerie, chantage,**
maître-chantage, exaction, crime organisé, exaction. ✍ **raquette**
☺ *En raflant tous les grands prix, Rafale Nadal fait des rackets de tennis.*

RAFT

rafiot donna *raft*, **radeau, radel** (Provence, Suisse), ☺ **R.A.F.T.**: radeau ardent des fleuves et torrents.
RAFTING: Descente de rapides. **radelage,** ❀ **radeau en eau vive.**

RAID

route parcourue ❶ **marche de manœuvre, expédition militaire, commando, attaque militaire**; ❷ **coup de main, irruption pour piller, descente, incursion, algarade, rezzou, attaque surprise.** ❸ **chevauchée sportive.** Épreuve de résistance du matériel et d'endurance des hommes. *La Croisière jaune de Peugeot fut avant-guerre une sacrée chevauchée sportive.*
✍ RAID: recherche d'assistance, d'intervention et de dissuasion, unité d'élite de la police nationale.

RAIDER

❶ ⊛ attaquant, lanceur d'OPA hostile; ❷ pirate, vautour financier, écumeur, prédateur, rapace de Bourse, chevalier noir.

RATING

notation ❶ **évaluation, classement au mérite.** *Les agences de notation évaluent et classent de A* à triple C.* ❷ **coefficient de jauge** des bateaux de plaisance.

RAVE-PARTY

partie de délire, **soirée techno, extasiade, délirade,** ☺ **ribamboula,** ☺ **tremblement d'ether.** **rêve, rave**

REALITY-SHOW

téléréalité, tranche de vie, prise-de-vie, télévérité, docudrame, déballe-cœur, bouldum: bouleversant d'humanité. *Dans les chaumières, on raffole de bouldums.* ☺ **réalité chaude.**

RECORDMAN

GB: *record holder.* **détenteur d'un record, recordier.** *Aux derniers mondiaux d'athlétisme, les recordiers rivalisèrent de performances.*

RELAX

relâche ❶ **relaxation, détente, repos, décontraction;** ❷ **détendu, reposé, dispos, décontracté, à l'aise, pépère, doigts de pieds en éventail, se la coule douce.** **relaxe.** *Après la relaxe, le prisonnier fit relâche.*

RELAX MAXI

du calme Montcalm! tranquille Émile! à l'aise Blaise! ☛ *cool Raoul!*

☠ RELOOKING

restylage, changement d'aspect, remodelage, reprofilage, modernisation, rajeunissement, amélioration, mise au goût du jour, actualisation, carénage. ☛ *revamping*

REMAKE

refait, **recuit, déjà vu, réchauffé, resucée, deuxième mouture, adaptation, imitation, remaniement, retournage, film-bis, deuxième édition, réédition, reprise, refonte, copie, copié-collé, pastiche, plagiat, singerie, contrefaçon,** ☺ **succédané** ou **succès damné?** ☺ **Cannes à bis**: œuvrelette pour les drogués du grand écran. **rimèque** San Antonio: *En regardant ce rimèque, tu ris, mec?*

REMIX

Version modifiée d'un morceau destinée en général aux DJ. Souvent plus rare que l'originale, elle intéresse les collectionneurs. Moyen de vendre plus. ❶ **arrangement, chanson remodelée, vieux-neuf**; ❷ **réorchestration.**

REPLAY

rejeu. EU: *instant replay*, rediffusion immédiate, **revisionnage, rediffusion, relecture, retour-image, revisionner, repasser, réécouter, réentendre, rejeu (d'une rencontre sportive).**

REPORTER

celui qui rapporte ❀ **reporteur, relateur, envoyé spécial, correspondant, baroudeur, grand reporteur, flâneur salarié** Henri Béraud.
REPORTER-CAMERAMAN: reporteur, chasseur d'images.

REPORTING

❶ **rapport, compte rendu, rapport d'exploitation**; ❷ **reddition des comptes**; ❸ **déclaration des ordres bancaires**; ❹ **mercatique après-vente**.

REPRINT

réédition, réimpression, chou pour chou (expression de typographes).

RESET

Terme d'informatique transposé à l'économie par des économistes en chambre. **remise à zéro, réinitialisation, réamorçage, restauration, redémarrage**.

REVIVAL : fait de réanimer

ravivage, renaissance, résurrection, retour aux sources, renouveau, reviviscence, palingénésie. Retour à la vie, nouvelle naissance, action de renaissance.

REVOLVER

tour complet (définitif pour celui qui reçoit la balle), **pistolet, aboyeur** : pistolet à canon très court. **ribarbère.** *M. Pierre profite de la seconde de confusion pour aller pêcher un ribarbère sous son veston.* Léo Malet, *Les Paletots sans manches.* **feu, flingue, péteux, calibre, pétard, rif, rigoustin, remède, rigolo** pas drôle du tout.

crédit REVOLVING

crédit permanent, renouvelable, rechargeable.

REWRITING

➊ **réécriture**, **échenillage**, **récriture** Étiemble, **rescriptage** Jean-Paul Colignon ;
➋ **adaptation**, **nouvelle mouture**, **palimpsestie**.

RIDING-COAT

manteau pour aller à cheval, **redingote.** Riding-coat veut dire habit de cheval ; on en a fait redingote, et le peuple croit que c'est un ancien mot de la langue. Voltaire Mais avant redingote, il y eut quinze tentatives de francisations : **reguingote**, **réguingote**, **reguimpette**, **rodingote**, **ridindingote**, **ringuingote**, **reguingate**, **roguigote**, **erdingote**, **arlingote**, **artingoutte**, **roguingota**, **redingue**, **requimpette**, **repimpette** !

RING : cercle

➊ **estrade carrée**, **cordes** ; ➋ **rocade**, **ceinture**, **anneau**, **périphérique**.

ROAD MOVIE

film de route, **film de routard**, **récit d'errance**, **trimarderie**, ♥ **kérouaquerie** de Jack Kerouac routard vagabond, héros d'un récit d'errance, **voyagerie**, **romancerie** Leroy-Beaulieu, ☺ **voie des tournées**.

ROAD SHOW

❀ **tournée de présentation**, **tournée-réclame**, **tournée foraine**, **tournée de promotion**.

ROADSTER

routière, **décapotable sport**, **cabriolet**, **torpédot**, **barquette.** Auto décapotable à deux places.

ROAMING

EU : *roaming in, inbound roaming, roaming out* ou *outbound*
itinérance : faculté d'appeler ou d'être appelé sur un téléphone portable via le réseau d'un opérateur mobile autre que le sien quand on est hors de sa zone de rattachement.

ROAST-BEEF

bœuf rôti ros ou rôt de bif, **rosbif**, **bœuf à la ficelle**, ☺ **rose-bœuf**.
Le rose-bœuf est préférable à de la semelle !
Nous appelons rosbifs les Anglais, qui nous traitent de bouffe-grenouilles. Alfred Gilles d'Haire.

ROCKING-CHAIR

chaise berceuse, **chaise** ou **fauteuil à bascule**, **berceuse** (Louisiane), **chaise berçante**, **berçante** (Québec), ♥ **assoupissoir**, **dodine** (Martinique, Haïti) de *dodiner*, balancer doucement ; **mécédore**, dodine ibère.

ROLLER

♥ **roleur** ❶ **patineur** ; ❷ **patin à roulettes**.

ROMSTECK

tranche (*steck*) de croupe (*rump*). GB : *rumpsteack*. **romstèque** Jacques Perret, *Bâtons dans les roues*.

ROOM-SERVICE

❶ **service de chambre**, **camèrerie** : service permettant de commander et de recevoir de la nourriture et des boissons dans une chambre d'hôtel.
❷ **livraison à domicile**.

☠ ROOTER

de *root*, racine. **déplomber** un téléphone, **initialiser** le fonctionnement d'un appareil électronique, **aiguiller** un flux de communication dans une direction.

💣 ROUGH

rude, **ébauche, esquissé, canevas, avant-projet, prémaquette, crayonné.**

ROUND : ronde

❶ **passe, tour**, séquence, **assaut.** *Un combat en quinze assauts.* **reprise.** *Il alla au tapis dès la troisième reprise.* **manche.** *Mohamed Ali le sonna à la deuxième manche.* ❷ **négociation, cycle.** *Le cycle de Doha.* ☺ **cercle vicié** comme le sont ces négociations multilatérales.

ROYALTIES

de 🕊 **roialté**, impôt payé au roi ❶ **redevances** ;
❷ **droits d'inventeur, d'auteur** ; ❸ **commissions, pourcentages** ❀ **royautés** (Québec).

RUGBY

Jeu merveilleux de formes multiples :
quinze. *Le Quinze d'Écosse*, **jeu à quinze** ou **à XV** (*rugby union*). *La bonne pratique du jeu à quinze demande de l'ascèse,*
jeu à treize ou **à XIII** (*rugby league*), à **douze, à neuf, à sept, mini-rugby, rugby-foulard, rugby de sable, rugby-touche, rugby-fauteuil** : sport paralympique, **barette** (ancien nom du jeu féminin), **Ovalie** (joli surnom), **ruguebi** Étiemble, **rugbi** Nina Catach.
☠ RUGBYMAN : GB : *rugby, rugger player*, **joueur de rugby, rugbyste, ruguebiste, ovalier.**

△ RUSH

Souvent, un mot français nous revient anglicisé. Tel **rehusser** ou **russer**: il devint en anglo-normand **russher** puis en anglais *rush*. **ruée, affluence, pointe, cohue, afflux, bousculade, précipitation, pic de fréquentation, coup de chauffe,** **coup de bourre.** *finish, sprint* **ruche**

△ RUSHES

Film brut après développement et avant-montage. **épreuves, épreuves de tournage, bouts de film, pré-vues.**

S

SANDWICH

On doit ce mot à Montagu, comte de Sandwich. Joueur acharné, il ne quittait jamais la table du vice. Aussi son serveur le ravitaillait-il avec des en-cas faits de pain et de viande. D'où l'éponyme qui aurait pu, d'ailleurs, être **montagu**.

Cette double-tranche garnie est un ♥ **à-quoi** car lorsqu'on demande au serveur un *sandwich*, il répond: À quoi?

Comme à-quoi, elle prit un jambon-beurre et lui un rillettes-cornichons.

sandouiche Queneau, San Antonio, **jambon-beurre, jambon-tomates, saucisson-beurre, Paris-beurre, double-tranche, pain garni,** **baguisson** Académie des enfants, **pain fourré** (île Maurice), **pain garni, pistolet** (Belgique), pistolet au jambon, au fromage..., **briquet** (Nord) double-tartine du mineur. **pan-bagnat** (Nice), **pain-thon** (Sénégal, Cameroun), **corbillard** (île Maurice) Pain moulé allongé tel ce véhicule, à moins que les croque-morts ne raffolent de croque-monsieur!

SCANNER/SCAN : scruter, scruteur

❶ **appareil de radiodiagnostic**, **analyseur** ou **radiomètre à balayage** ; ❷ ♥ **scanaire** ou **scane**, **lecteur optique**, ♥ **numériseur** ; ❸ **scanette** : appareil permettant au client d'une grande surface d'enregistrer les prix au fur et à mesure de ses achats. ❹ **numériser**, **balayer**.

△ SCIENCE-FICTION

On croirait que c'est la science qui est fictive ! *Peu de science, beaucoup de fiction, parfois du talent.* Robert Le Bidois.
science de rêve, **rêve de science** ? **roman** ou **film d'anticipation**, **littérature fantastique**, **scientifiction**, **fantascience**, **savanture** Jacques Audiberti, *L'Ouvre-boîtes*. Boris Vian créa le Club des Savanturiers.

SCOOP

❀ **exclusivité**, **primeur**, **révélation**, **mise au jour**, **première nouvelle**, **inédit**, **info sensationnelle**, **nouvelle fraîche**, **inouïe**, **brûlé**, **potin**, **désembargo**, **bruit de ville**, **coup médiatique**.

☠ (BOY) SCOOT

escoute, **éclaireur**, **louveteau**, **pionnier**, **routier**, **goumier**, ☺ **aide de camp** F. Exbrayat.

☠ SCOOTER

démarrer rapidement. GB : *motor scooter.* patinette à moteur, **pétrolette**, **pétarelle**, 📢 **scoute**, 🎖 **roule-moteur**
en allemand *Rollermotor.*

SCORE

marque, **résultat**, **décompte des points**, **pointage** (Québec), ☺ **points de rencontre** M. Elbert.

☠ SCOTCH®

GB: *Sello tape*. EU: *Scotch tape*. écossais **ruban adhésif**,

SCOTCHER

coller, **fixer**, **retenir**, **bloquer**, **terrasser**, **plaquer**, **river**. *Il est rivé à sa télé.*

SCRATCH

grattage, **écorchage**, **griffure**, **rayure**, **éraflure**, **égratignure**, **annulation**.

SCRIPT-GIRL

assistante de metteur en scène ❀ **scripte**, **secrétaire de plateau**, **scriptrice** Marcelle Auclair.

SEGWAY®

gyropode véhicule monoplace électrique à deux roues avec plateforme pour se tenir debout, système de stabilisation gyroscopique, manche de conduite et de maintien. *Le gyropode prend le trottoir pour la chaussée.*

☠ SELF

GB: *self-service*. **restif**, **librette**, ☺🗣 librerie.

SELF-CONTROL: **maîtrise de soi**, **sang-froid**, **possession de soi-même**, **emprise sur soi**, **flegme britannique**, **impavidité** française.

☠ SELF-DÉFENSE: GB: *defence*. autodéfense

défense personnelle, **légitime défense**, **combat rapproché**/*close-combat*, **défense armée**.

SELF-MADE MAN: homme fait-lui-même, **fils de ses œuvres**, **autodidacte**, **artisan de sa propre réussite**, **arrivé tout seul**, **parvenu**

☺♥ **automane**: autodidacte fort comme un Turc.

SELF-SERVICE : libre-service, auto-service, servez-vous !

SERIAL KILLER

❶ tueur en série, assassin multirécidiviste, multimeurtrier, polyassassin, sème-la-mort, trucidomaniaque, ♥ prédateur-tueur, monstre, ♥ un Landru, docteur Petiot, Jacky l'Éventreur ;
❷ tueur de masse, massacreur, exterminateur, humanicide, hallaliste, pogromiste, génocidaire.

SET

❶ **manche**, ☺ manche d'outre-Manche Michel Laclos ;
❷ **napperon** à table, **ensemble** de meubles, **service** de vaisselle, **série** de livres, **jeu** de clés ou d'aiguilles à tricoter, **groupe** de machines, **coffre** d'outils, **paire** ou **couple** d'objets, **rangée** de dents, **bande** de gamins, **garniture** de boutons, **plateau** de cinéma. **sept, cet, cette**

SEX-APPEAL

attrait sexuel, appel du sexe, **attrait physique**, **charme sensuel**, **pouvoir d'attraction sexuelle**, **sexogénie**, **chien** (Québec), **trouble-sens**, **allume-feu** Robert Espagnol, ☺ **sexe-à-pile** San Antonio.

SEX-SHOP : échoppe du sexe, **boutique de sexe** (Québec), **érothèque**, **aphrodisiaquerie**, **obscènerie.** *Pigalle regorge d'obscèneries.* ♥ **sexerie.** *Dans la sexerie, le sexe rit.*

SEX-SYMBOL : symbole sexuel, idéal sexuel, beauté fantasmée, bombe sexuelle, bombe, canon de beauté, canon, dame de beauté, **emblaime.** *BB fut un emblaime pour toute une génération.* ☺ **sec symbole** parfois, ☺ **épousetouflante.** *L'emblaime mariée est épousetouflante.*

SEX TAPE : cassette de sexe, **baise-en-ligne.** Ébats sexuels privés vidéographiés, de célébrités parfois, et mis en ligne avec ou sans l'accord des protagonistes.

SEX TOY : jouet sexuel, euphémisme pour **godemiché**, 🕊 **olisbos, phallus artificiel, pénis-postiche, gode-ceinture**, 📢 **gode**, ♥ **réjouis-moi** : d'après le latin *gaudeamus*, d'où, semble-t-il, godemiché. **Vibromasseur.** *La dame qui découvrit les joies du vibromasseur regretta qu'il n'y eût point de vibromonfrère.* ☺ **auxiliaire de vit.**

💣 SEXY : terme asexué, un comble en l'espèce ! ♥ **sexi(e)** *Un garçon sexi, des filles sexies,* **accorte, attirante, séduisante, aguichante, aguicheuse, émoustillante, affriolante, charmeuse, fondante, craquante, froufrouteuse, pulpeuse, troublante, suggestive, affriolante, séduisante, piquante, provocante, appétissante, désirable, voluptueuse, capiteuse, sensuelle, stimulante, excitante, libidineuse, érotisante, érotiseuse, bandante, ayable** Stendhal, **charmeresse** Étiemble, **éroticoquine** Pierre Perret, ☺ **sexcitante.**

SHADOW CABINET

ministère de l'ombre contre-gouvernement, contre-pouvoir, ôte-toi de là que je m'y mette.

SHAKER

secoueur, remueur, agitateur **gobelet mélangeur, verre à mélanger,** (Québec), ♥ **panacheur.**

☠ SHAMPOOING

GB : *shampoo.* massage. du hindi *tschampo.* **lavage des cheveux, friction, champoing** Littré, **champouin** Nina Catach. *Je me suis fait champouiner par une jolie champouineuse, virtuose du champouin.* 🎖 **Shampo** en allemand.

SHERRY

de Jerez, **xérès.** ☞ **chéri**, *cherry*

△ SHIP

GB: **bateau** EU: **avion**!

SHIT

merde! **zut**! **crotte**! **crotte** de **bique**! **mince**!

☠ SHOCKING

GB: *This is outrageous.* **Oh! offusquant, inconvenant, culotté, grossier, déplacé, indécent, scandaleux, dégoûtant, scabreux, impudique, obscène,** ✈ **messéant.**

△ SHOOT

❶ **tir, frappe, droit au but;** ❷ **piqûre, injection, fixe.**

☠ **se SHOOTER: se piquer, se poutringuer,** ☺♥ **faire le plein des sens.**

△ ☠💣 SALLE DE SHOOT: Un anglophone pourrait penser qu'il y a là un poteau d'exécution. *Dites:* **salle de piqûre. injectoire**: centre (para)médical où les drogués se font piquer dans des conditions d'hygiène satisfaisantes. ♥ **piquoir.** *Ce grand fumeur et toxicomane passait du fumoir au piquoir.* ♥ **piquouzerie.** *Le maire de Paris va inaugurer une piquouzerie municipale.*

💣 SHOOTING: tir, fusillade ❶ **prise de vues, séance de photos**; ❷ **tournage d'un film.**

SHOP

d' ✈ **eschoppe,** échoppe, **boutique, magasin.** ☞ **choppe**

SHOPPING: action d'acheter. La francisation de *shopping* en **choppingue** ou **chopinage** serait la bienvenue, si nous étions encore capables d'un tel exploit. Aristide. ❶ **lèche-vitrines**; ❷ **chalandage, magasinage, boutiquage, courses, emplettes, achats, acquisitions, soukage**: magasinage touristique; ❸ *Faire du shopping*: **magasiner** (Québec), faire les **magasins, chalander, courir les boutiques, boutiquer** Gabon, **crébillonner** du nom de la célèbre rue commerçante de Nantes. *Avec mes chèques Crédit Lyonnais, j'ai crébillonné.* **faire chauffer la carte bleue, chopiner** R. Queneau, **choper.** *Choper comme vous l'avez fait de magasins en magasins.* Victorien Sardou, *Oncle Sam.*

☠ SHORT

court. GB: *shorts,* **chorte** Marcel Aymé et R. Queneau,
❶ **cuissettes** (Suisse), **cuissard** pour les cyclistes, **flottant** pour les fouteballeurs, ♥ **boxette** pour *boxer shorts*; ❷ **petit, menu, court, bref.** *Pépin le Bref,* **juste, mini, rikiki**; ❸ *tailler un short*: **frôler, réprimander, remettre à sa place.**

SHORTLIST

liste courte, **liste réduite,** ♥ **miniliste**, sélection, ☺ **fina-liste.**

💣 SHOW

spectacle, parade, revue, divertissement, gala, cirque, attraction, concert, représentation, récital, variétés, exhibition, numéro, démonstration spectaculaire, prestation, performance, scénie, cinéscénie, téléscénie, vidéoscénie. ∞ **chaud, chaux,** peu me **chaut**
SHOW BUSINESS / ☠ SHOWBIZ: **industrie, métier, affaires, monde du spectacle, spectaclure,** 💣 **mescénat.**
△ SHOWMAN: homme du spectacle ❶ ♥ **spectaclier.** ☺ *Avec le spectaclier, le spectacle y est.* ❷ frimeur
SHOWROOM: **salle, salon, magasin d'exposition, salon**: lieu où l'on montre et où l'on se montre. **salle de montre** (Québec), **expo-salon, ostensoir, exposerie, montrerie, salon vente, expovente, exposoir.**

Un exposoir de nouveautés. 🗣 **monstrerie.** *On recule d'effroi devant les horreurs qu'on voit dans cette monstrerie.*

SHUTTLE

❀ **navette, trans-Manche,** *prendre le shuttle*: ☺ **faire la Manche.**

☠ SIGHTSEEING

promenade touristique, tour guidé (Québec), ♥ **cicéronisme**: de l'italien *cicerone*, guide appointé qui explique aux touristes les curiosités d'une ville. **amphionie**: d'Amphion, patron des batteurs de pavés: action de faire faire des visites guidées en un temps record. Cf. Apollinaire, *Hérésiarque et Cie.*

SILVER ECONOMY

économie argentée. *Silver,* argent, signale la chevelure argentée des seniors. **économie des seniors, économie vermeille.** *Les merveilles de l'économie vermeille.* ♥ **argonomie**, du grec *argos*, argent: secteur économique proposant aux vieux techniques d'autonomisation et services personnalisés. ☺ **saigne-or**: drainage de l'argent des vieux sous prétexte de faciliter leur fin de vie. *Les seniors friqués sont pris au piège du saigne-or.*

SITCOM

comédie de situation de *situation comedy.* **comédie en chambre, mélodrame feuilletonné** ou **téléfeuilleton mélodramatique, comédie d'appartement** Michèle Lenoble-Pinson, ♥ **télébluette,** ☺ **clomédie.**

☠ SIT-IN

s'asseoir là de *sit-in strike* « grève sur le tas ». Autrefois on eût dit **session**: posture d'une personne assise, mot d'ancien français auquel les Anglais donnèrent le sens d'assise. ♥ **croupionnite, rue-assis,**

fesses-bitume, poser-là Afrique francophone, **posine** Côte d'Ivoire, ♥ à-**croupetons.** *Des contribuables matraqués fiscalement, et par la police, firent un à-croupetons devant Bercy.*

SKETCH

d' 🕊 esquisse, **saynète, scénette.** Saynette exécutée sur scène. **intermède, bluette, pochade, pantomime, historiette, madrigal,** ☺ **versets satiriques.**

△ 💣 SKINHEAD: peau de tête

❶ **crâne rasé, chauve, coco taillé** (Côte d'Ivoire), 📢 **boule à zéro, youle** de Yul Brynner; ❷ **casseur, blouson noir**; ❸ **facho, néofasciste, nazillon.** *Un coco taillé n'est pas forcément un casseur, ni un youle un facho, ni un blouson noir un nazillon.*

SLAM: claquement

❶ ♥ **libre-poème.** Déclamation très libre de poèmes, principalement par des jeunes de banlieue. *Ce libre-poète est slamentable.* ❷ **grand chelem** au bridge.

SLASH

barre, barre oblique, barre de fraction, trait. 👓 **slache** sandale ou pantoufle fatiguée

☠ SLEEPING

popularisé en 1925 par *La Madone des sleepings* de Maurice Dekobra. GB: *sleeping-car.* **voiture-lit, train-couchettes, voiture-couchettes, wagon-lit, Orient-Express,** ♥ **dortoir-sur-rail,** ☺ **corps-y-dort.**
SLEEPING-PARTNER: partenaire dormant, **partenaire inactif, associé passif, investisseur sommeillant,** ♥ **hypnoste.** D'*Hypnos*, dieu grec du sommeil, fils de la Nuit et frère du Sommeil.

SLIDE

transparent, diapositives.

SLIP

de l'allemand *Schlupf.* GB: *pants* ou *culotte.* EUA: *pantalon, knickers* ou *boxer short.* **petite culotte** ☺ *Les femmes portent une petite culotte et certaines la culotte.* **caleçon, caleçon flottant, dessous, feuille de vigne, cache-sexe, petite tenue, suspensoirs,** **calcif, couillote**: mot d'enfant ainsi défini par son usage antérieur plutôt que postérieur. Michel Tournier. **australien** en référence à la poche du kangourou, **brayet** (Québec), ☺ **complément d'un attribut** R. Espagnol.

SLOGAN

cri de guerre d'un clan, du gaélique écossais *sluagh-ghairm,* **devise, formule, phrase-type, formule-choc, mot d'ordre, phrase à effet, refrain, rengaine, scie, ritournelle,** ☺ **opignon** opinion + gnon. *Il nous asséna son mot d'ordre, sa formule-choc, pour tout dire : son opignon.*

SLOW FOOD

bouffe lente ❶ **repas-détente**; ❷ **gastronomie classique, écogastronomie.** Gastronomie soucieuse du respect des cuisines régionales. **locavorisme**: consommation équitable consistant à ne manger que des produits locaux. ☛ *fooding*

SMART

❶ **intelligent, astucieux, malin**; ❷ **élégant, coquet, classieux, mignon, séduisant, sémillant, clinquant, chic, tiré à quatre épingles, sapeur** (Congo), ☛ *select, fashionable*

SMARTPHONE ☛ *iPhone*

téléphone intelligent ❁ **ordiphone, terminal de poche**,

SMART POWER

pouvoir malin. En diplomatie, subtil dosage de force et de souplesse, de persuasion et de coercition. ☛ *soft power*

SMASH

coup violent, qui écrase, écrasé, **coup canon**, **balle d'or**, **marteau** au volley et au basket ☺ **balle-à-dur** : coup violent asséné à un politicien par un rival, dont la vengeance se mâche.

SMILEY

sourire. EU : *smiley face.* Pictogramme en forme de dessin traduisant des émotions : joie, tristesse, colère... émoticône : émotion + *icône*, **souriard**, **rictus**, **frimousse**, **faciès**, **binette** Québec. ☛ *emoticon*

S'MILES®

smile, sourire + *miles*. Pseudo-américanisme stupide ❁ **points de fidélité**, ☺ **sou rire** : points accordés par des magasins aux clients en fonction du montant des achats et donnant droit à des réductions ou à des cadeaux.

SMOKING

GB : *smoking-jacket*, veste pour fumer, ou *dinner-jacket*
EU : *tuxedo*. **habit de soirée**, **veston de gala**, **habit**, **queue-de-pie**, **queue-de-morue.** *Il me faut mettre ma queue-de-morue.* Alphonse Daudet. **pingouin.** *Il mit son pingouin pour aller au gala.* **esmoquin** en espagnol.

SNACK(-BAR)

Américanisme supplanté par *fast-food* et appelé **casse-croûte** au Québec. ☞ *fast-food*

SNIPER: canardeur

Prétendre que *sniper* n'a pas d'équivalent, c'est méconnaître notre langue puisque **l'embusqué** est celui qui se cache pour surprendre l'ennemi et le combattre.

tireur ou **tueur embusqué**, **escarmoucheur**, **tireur isolé**, **d'**élite, **franc-tireur**, ☺ **tiroriste.** *Les tiroristes de Sarajevo étaient, comme on dit en américain, des* semailles-peur.

SNOB

de *sine nobilitate*, sans noblesse. Homme qui envoie son chien à Londres pour apprendre à aboyer. Philippe Julian, *Dictionnaire des snobs.* **poseur**, **frimeur**, **époustoufleur**, **épateur**, **esbroufeur**, **flambard**, **parvenu**, **maniéré**, **affecté**, **apprêté**, **compassé**, **guindé**, **prétentieux**, **m'as-tu-vu**, **paon.** ☛ *sophistiqué.*

SNOBER: **dédaigner**, **mépriser**, **traiter de haut.**

SNOBISME: GB: *snobbishness* ou *snobbery.* épate, **fla-fla**, **tape-à-l'œil**, **roture**, ✿ **singerie**, **préciosité.** Singerie des belles manières, tromperie sociale, rêve d'anoblissement d'une petite bourgeoisie en mal d'identification et de reconnaissance sociale. **époustouflette** Céline.

✱ SNOWBOARD

planche des neiges. EU: *snowboard free style.* **planche acrobatique**, **artistique**, **monoski.**

SOAP OPERA

Série américaine faite de courts épisodes entrelardés de réclames de lessives. **télé-savon**, **mélodrame saponifère**, **feuilleton sirupeux** (Québec), ☺ **télessive.** *Une télessive où l'on blanchit l'argent.* ☺ **lessiverdi.** *Les acteurs des lessiverdis aiment se faire mousser.* ☺ **sapomnifère.** *Les intellos détestent les sapomnifères : ça les fait bouillir ou ils s'en lavent les mains.*

SOFT : doux

❶ **doux**, **doulce.** *Doulce France, ta langue fout le camp.* **adouci**, **douceâtre**, **doucet**, **édulcoré**, **mitigé**, **atténué**, **tendre**, **lénifiant**, **émollient**, **mou**, **fade**, **fadasse**, **lyophilisé**, **en sourdine**, **tempéré**, **aseptisé**, **mièvre**, **caoutchouteux** ; ❷ **voilé**, **suggestif** par opposition à *hard* ou *porno.*

△ SOFT DRINK : boisson douce

boisson sans alcool, **non alcoolique**, **gazeuse**, **soda**.

SOFT POWER

pouvoir doux. L'antinomique du pouvoir dur, brutal (☛ *hard power*) des présidents Bush père et fils qui pratiquèrent en Irak la politique de la canonnière. Dans les relations internationales, le pouvoir doux consiste à persuader plutôt qu'à contraindre, à faire prévaloir la diplomatie sur la guerre pour amener les adversaires à agir selon ses propres intérêts. **diplomatie d'influence**.

SOFTWARE : matière douce, marchandise molle

Au lieu de **mentaille** au Québec, **logiciel** créé par Louis Armand, et opposé à matériel pour *harware*, a prévalu. Il désigne ce qui résulte d'un effort intellectuel. **Programmerie** et **intellectronique** n'ayant pas prospéré, logiciel est entré sans problème dans le langage.

Francisation très réussie comme informatique (*data processing*) ou ordinateur (*computer*). Cette création heureuse ouvrit la gamme des mots en *el* tels **progiciel**, **didacticiel**, **partagiciel**, **ludiciel**, **courriel**, **pourriel**…

△ ☠ 💣 SOPHISTIQUÉ

raffiné, distingué. Par souci des nuances, dites aussi : **compliqué, chargé, orné, adultéré, faussé ; apprêté, affecté, artificiel, collet monté ; frelaté, altéré, coupé ; maniéré, quintessencié, d'avant-garde ; compliqué, habile, subtil** à **l'excès, captieux, argutieux, tarabiscoté, alambiqué, tiré par les cheveux ; recherché, excentrique, extravagant ; perfectionné, élaboré, évolué, étudié ; ampoulé ; pédant.**

SPACE OPERA

opéra de l'espace. Œuvre d'anticipation évoquant les aventures et les combats épiques entre héros et empires galactiques. *La Guerre des étoiles* en est l'archétype. **drame sidéral**, **odyssée de l'espace**, **mélopéra rarement**, 🗣 **cosmédie** parfois.

SPAM

terme et message indésirables ❀ 🗣 **pourriel** pourri + courriel, **courriel indésirable** 🗣 **polluriel** (Québec). Courriel non sollicité, souvent envoyé en grosses quantités à des fins publicitaires, polluant la boîte aux lettres électronique, jetable à la poubelle.

SPARRING-PARTNER

partenaire de combat, **partenaire d'entraînement**.

☠ SPEAKER

GB: *announcer* ou *anchorman* ❶ *sens anglais*: **orateur**, ❷ *chez nous*: **présentateur**, **annonceur**, ☺♥ **infomane.** *L'infomane est obsédé par l'actualité.*

☠ SPEAKERINE: GB: *anchorwoman*, **présentatrice**, **annonceuse**, **femme-tronc**, ♥ **parleuse matutinale** ou **vespérale**

La parleuse vespérale présenta le programme de la soirée sur TF2. **spiquerine** Jacques Perret, ☺ **femme radioactive** J. Robert, ☺ **infomane.** *Claire Chazal est une infomane.*

SPEECH

discours, **laïus**, **allocution**, **déclaration**, **communication**, **topo**, **intervention**, **adresse**, **message**, **harangue**, **exposé**, éloge, **panégyrique**, **envolée lyrique**, **sermon**, **oraison**, **péroraison**, **homélie**, **prône**, **prêche**, **prêchi-prêcha**, **bafouille**, **baratin**, **blabla**, **boniment**, 📢 **boniment à la graisse d'oie**

Discours trompeur, plein de propos mensongers. **galimatias.** Discours ubuesque et inintelligible. **coq-à-l'âne.** Bafouille incompréhensible.

☠ SPEEDÉ

rapide, **véloce**, **prompt**, **vite**, **à la hâte**, **dare-dare**, **à bride abattue**, **à toute vapeur**, **à tout berzingue**, **en quatrième vitesse**, **en cinq sec**, **à la six-quatre-deux**, **vite et négligemment.**

SPEED-DATING

rendez-vous rapide, **entretien accéléré**, **rencontre express**, ☺ **rencart d'heure.** *Son rencart d'heure ne dura que 14 minutes.*

💣 SPIN DOCTOR

communicant, **façonneur** ou **doreur d'image**, **docteur Folimage**, **mentor menteur**, **conseiller de l'ombre**, **conseilleur parallèle**,

gourou, éminence grise, visiteur du soir. *Le Président reçoit en toute discrétion à l'Élysée ses visiteurs du soir.*

SPLEEN

mélancolie, vague à l'âme, déprime, cafard, humeur noire, désenchantement, neurasthénie, dégoût de la vie, mal de vivre, hypocondrie, bile noire, ennui.

SPONSOR

du latin *sponsum*: répondant. **partenaire financier, parraineur, mécène, parrain, marraine, financeur, bailleur de fonds, donateur, contributeur, bienfaiteur, commandite** (Québec).
☠ SPONSORING: EU: *sponsorship,* **partenariat, mécénat d'entreprise, patronage, soutien financier, publicité compensée.**
☠ SPONSORISER: **parrainer, mécéner, financer, soutenir, commanditer** (Québec).

SPOT

❶ **point, tache, marque, image lumineuse, tache lumineuse, repère lumineux**; ❷ **bref, annonce-minute**; ❸ ❀ **message publicitaire, message-réclame, film-réclame**; ❹ **projecteur, projecteur directif,** 📢 **projo, luminaire, lumignon, casserole** Terme de métier: gros projecteur.

SPRAY

embruns, gouttelettes, aspersion. ❶ **pulvérisation, nébulisation**; ❷ **aérosol, nébuliseur, bombe, brumisateur, atomiseur, vaporisateur, pulvérisateur.**

SPREAD

écart : mot répandu après la crise des *Subprimes* ® **écart de crédit** : écart des taux d'intérêt, d'emprunt notamment, d'un pays à l'autre par exemple.

SPRINT : course rapide et brève

❶ **course de vitesse** ; ❷ **accélération** sur une distance donnée, **pointe** de vitesse ; ❸ **emballage final, emballage, démarrage, enlevage, enlevé, finissage, déboulé, coup de jarret final, dernière ligne droite** ; ❹ **ruée, précipité, déboulé**. ☛ *finish, rush*

SPRINTER

❶ **sprinteur, finisseur, coureur de vitesse**, 📢 **filochard** : celui qui court vite. ❷ **accélérer, se précipiter, emballer, foncer, fendre le vent, courir comme un dératé, à bride abattue, ventre à terre, pédaler à toute vitesse, filer à toutes pédales, faire l'avion par terre** (Burkina-Faso).

SQUAT(TER)

intrus(ion) : fait de s'introduire quelque part sans y être invité, l'intrus n'étant ni attendu ni désiré. **occupation illégale, sans titre, violation de domicile.**

SQUEEZER

❶ **presser, comprimer, coincer, tenailler, prendre en sandouiche, étouffer** ; ❷ **prendre l'avantage, écraser**, 📢 **écrabouiller**.

☠ STAFF

GB : *staff-meeting* ❶ **état-major, quartier général** ou **QG, haut commandement, équipe dirigeante, cercle dirigeant, technostructure,**

sérail. Cour d'un grand seigneur avec tous les officiers à son service. *Dit sans séraillerie, l'Élysée est un sérail de la République.*

STAND

❶ **baraque**; ❷ **place marchande**; ❸ **étal, comptoir, éventaire, espace réservé**; ❹ **poste de ravitaillement** pour les courses d'autos, de motos.

STANDARD

d' 🕊 **estendart,** étalon de poids et mesures ❶ **modèle, étalon, norme de qualité, critère, canon, type, valeur, empan, spécimen**; ❷ **en série, courant** en parlant d'objets fabriqués selon un modèle; ❸ **niveau, train de vie**; ❹ **central téléphonique.** *Le central téléphonique est engorgé.*

STANDARDISER : ❀ **normaliser, mettre aux normes, normer, formater, conformer, unifier, uniformiser, égaliser.**

☠ STANDARDISTE : GB : *operator.* **téléphoniste, demoiselle du téléphone stationnaire.** Terme d'usage chez les pompiers pour désigner celui qui prend les appels. 8 **Telefonistin** en allemand.

STANDARDIZATION : **normalisation, uniformisation, formatage, fordisation.**

✱ STAND-BY

se tenir à côté. Mot imprécis s'appliquant tant à une personne qu'à une chose. **en transit, en partance, en navette, en réserve, en délibéré, sous le coude, en attente, en souffrance,** 🗣 **au frigo.**

☠ STANDING

situation, place. GB : *life style, image* ou *status*

❶ **classe, grande classe, haut rang, haute ligne, prestige, luxe, haut de gamme,** ☺ **train de luxe**;

❷ **grand confort, niveau de vie élevé, standinge** San Antonio.

STANDING OVATION

acclamation debout, **ovation debout, ban debout.** Ban : applaudissements rythmés. **la salle debout !** Injonction de José Arthur pour que l'assistance honore Edwige Feuillère.

STAND-UP

être debout de *stand-up comedy* : comédie debout. **solo comique, monologue burlesque, face-au-public.** ☛ *one-man show*

STAR

étoile, **grande actrice, vedette célèbre, vedette-étoile, coqueluche, reine, diva,** ♥ **adulette.** *Cette adulette est la coqueluche des cinéphiles.* ☺ **étoile filmante** G. de Rohan-Chabot.

STARLETTE

petite vedette, vedette en herbe, étoile montante, ♥ **étoilerelle, astrelle,** ☺ **brille-en-*teen*.**

STAR SYSTEM : système des étoiles

constellation cinématographique, ♥ **stellébrisme, vedettariat, panthéonat, actricentrisme, filmament, systième-art,** ☺ **caste à divas**… comme eût dit la Callas.

STARTER

GB : *choke* ❶ **démarreur, enrichisseur, étrangleur** ; ❷ **arbitre de départ, élanceur.**

STARTING-BLOCKS

❀ **blocs**, **cales de départ**, **cales**, **butées**, **cale-pieds**.

☠ START-UP

GB: *start-up company*. société qui démarre ❀ **jeune pousse**, ♥ **tigron**, **gazelle**, **pigeon**, **poussin**, **turion** Alain Rey,

☠ STATION-SERVICE

Prenez deux mots français, faites-en du franglais.
GB: *service-station*, EU: *gaz station*. **station d'essence**, **essencerie** (Sénégal), **pompe à essence**, ♥ **benzinerie**, 🗣 **pompicerie** A. Renaud.

☠ STEWARD

Porcher, celui qui garde les cochons! GB: *flight attendant*, assistant de vol ❶ **hôte de l'air**, **garçon de cabine**; ❷ ❀ **stadiaire**: agent chargé de diverses tâches sur un stade: entretien, surveillance…

💣 STICK

Soyez clair, dites: ❶ **canne** flexible, **badine**, **cravache**, **baguette**, 🌱 **houssine** baguette flexible de houx. **bâton** (Québec), **chicote** (Afrique); ❷ **déodorant**; ❸ **bâton de rouge à lèvres**, ☺ **barre à teint**; ❹ **bâtonnet de colle**; ❺ **groupe de saut**, **équipe volante**; ❻ **maillet**, **crosse** de hockey ou de polo; ❼ 📢 **taffe de joint.** Cigarette de cannabis.

STICKER

autocollant, **autoadhésif**, **vignette**, **papillon**.

STOCK

❶ **réserves**, **provisions**; ❷ **surplus**; ❸ **action** de Bourse. *Stock holder*: actionnaire, *Stock Exchange*: Bourse.

☠ STOCK-CAR

bétaillère de *stock-car racing*, voiture de série, **autotamponneuse, caramboleuse**, ☺ **car-à-bosses**, ☺ auto-défonce moyen ludique d'autodéfense.

STOCK-OPTION

Action de l'entreprise cédée à un prix avantageux à des salariés, surtout des dirigeants. ❀ **option sur titres, option de Bourse**, ♥ **action-maison**, ♥ **rémunéraction**.

STOP

❶ **arrêt, halte, pause, repos, fixe!** ❷ **feu rouge**, ❸ **panneau d'arrêt, carré** ou **lapin russe**: signaux ferroviaires d'arrêt absolu. ❹ *faire du stop*: **poucer** (Québec). *Pour aller à Montréal, j'ai poucé.* ☞ *autostop*

☠ STOPPER

arrêter, cesser, fixer, interrompre, bloquer, contrecarrer, enrayer, entraver, empêcher, juguler, couper court, mettre un terme, un point final, un point d'orgue, mettre le holà. ☞ **stopper** raccommoder

STORY-BOARD

planches d'histoire: dessins sous forme de croquis rapides précisant les plans d'un film avant le tournage. ❀ 🗣 **scénarimage** scénario + image, **scénario en images, maquette préparatoire, cinéplanches, cinémaquette**, 🗣 **synopscénie**.

STORYTELLING

raconter une histoire. Méthode de communication publicitaire ou politique s'inspirant des contes. ♥ **récitage, communication narrative, narration orientée, affabulation habile, boniment romancé, fiction**

biographique, cursus mythifié, fabrication d'un héros. Ne dites pas le *storytelling* du *spin doctor*, mais l'affabulation du communicant.

STREAKING

Pratique consistant à courir tout nu et vite dans les rues. **nuvitisme** (Québec). ☺🗣 **manifessetation**

STREAMING

de *stream*, courant, flot, flux. Mode de transmission et de lecture de données audio ou vidéo permettant d'écouter de la musique en ligne sans la télécharger. ❀ **diffusion en flux, lecture en continu, lecture seule,** ♥ 🗣 **fluxture** flux + lecture. *Sur le Net, la fluxture permet d'étaler la luxure comme de la confiture.*

STREET

❀ **de rue.** La dénomination anglaise des sports pratiqués dans la rue commence par *street*: *street basketball, street hockey, street golf, street football*... La voie publique et le mobilier urbain étant leurs éléments communs, l'expression **de rue** est la mieux adaptée pour les qualifier. On parlera donc de **basket de rue, hockey de rue, golf de rue, foute de rue,** etc. Le pratiquant sera nommé **basketteur de rue, hockeyeur de rue, golfeur de rue, foute-balleur de rue.**

☠ STRESS

d' ❦ **estresse**: étroitesse, gêne, misère, resserrement, rigueur. **pression, tension, émotion, commotion, attaque, choc, appréhension, perturbation, trouble, dépression, malaise général, mal-être, indisposition, alarme, panique, affres, angoisse, anxiété, traumatisme psychique, crispation, état d'agression, navigateur en nos troubles** Réjean Ducharme, *Le nez qui voque*.

STRETCHING

étirement, assouplissement, gymnastique d'étirement.

STRING

EU: *string bikini* ou *Gee-string.* GB: *slip string.* **ficelle, devant-derrière, trois-fois-rien,** ♥ **montre-fesses.** *Le montre-fesses est un cache-sexe.* **cordelet brésilien, cordelet,** **fil dentaire** en brésilien. ☺ *On soulève la culotte de grand-mère pour voir les fesses et les fesses pour voir le cordelet.*

STRIP-TEASE

sliptise R. Queneau ❶ **effeuillage, déshabillage, dévêtement, intermède dévêtu, danse du ventre, danse des sept voiles,** **décarpillage, défublette** (Touraine), de *défubler*: se dévêtir, **sexhibitionnisme** Marcel Achard, **opéra des quat'dessous** Noctuel, ☺ **les guère pudiques** R. Pichon; ❷ **cœur mis à nu, déboutonnage, déballage, aveux complaisants, exhibition sentimentale.**

SUBPRIME

EU: *subprime mortgage loan* ❶ **prêt de second ordre, de second rang, crédit hypothécaire américain, crédit à très haut risque;** ❷ **toxique.** *Un prêt toxique.*

SUCCESS STORY

récit d'un succès. **histoire d'une réussite, roman-réussite,** ☺ **agiographie** agios + hagiographie.

SUNLIGHT

❶ **projecteur, hot-valise, projo, gamelle, douche** terme de métier, **poursuite, soleil électrique** Paul Morand; ❷ être sous les **feux de la rampe, le feu médiatique, à l'avant-plan** (Belgique).

SUPERSTAR

super-étoile, **grosse vedette, personnalité de premier plan, comète, gloire, idole, reine** ou **roi, tsarine** ou **tsar.** *Noureev, tsar de la danse.* **divine**: surnom donné à Greta Garbo. **icône, monstre sacré, vache sacrée, crève-l'écran,** **médiastre**: vedette au rayonnement médiatique intense. **étoile brillante, supernova, véga, canope**: la plus brillante des étoiles après Sirius. **bételgeuse.** *Isabelle Adjani brille comme la bételgeuse.* **vénestelle** Vénus + estelle: petite étoile. *Maryline Montreuil se voyait déjà vénestelle.* ☺ **astre à gale**: grosse vedette que la célébrité démange. ☺ pipole emploi.

SUPPORTER: supporteur

❶ **soutenir, encourager, défendre**; ❷ **partisan, défenseur,** **aficionado** en espagnol, **tifoso** en italien, **stadmirateur,** **suppôtaire**: supportaire malintentionné. *Les bagarres des suppôtaires ternissent la réputation du faute-boule.*

SURBOOKING

GB: *overbooking* ❶ **surréservation,** ❷ **surinscription,** ❸ **surlocation,** ❹ **surfréquentation.**

SURF

de *surf-riding,* **planche, planche hawaïenne,** ☺ **vagues-à-lames,** ☺ **vagues-à-bonds.**

SURFER: **naviguer, fureter, fouiner, butiner** sur la Toile.

SUSPENSE

de ✿ **suspens grand frisson, fébrilité, angoisse, incertitude, en suspens, en haleine, intensité dramatique.**

SWEAT-SHIRT

maillot de sueur, **maillot, chandail.**

T

TABLOÏD

tabloïde, **journal demi-format** souvent de basse qualité, vulgaire (*The Sun*).

ID ou OÏD (mots en) : Avec un e muet comme dans *ovoïde* ou *rhomboïde*, ça donne **ozalide, celluloïde, polaroïde, rhodoïde, tabloïde.**

TAG

barbouillage, salissure, graffiti nuisible, vandalisme mural, patarafe : traits informes, lettres confuses ou mal formées.

TAKE-OFF

essor, envol, **décollage, démarrage, lancement, mise en route.**

TALK

causerie, conversation, parlotte, ● **débatel,** ◄ **cacophorum.**

☠ TALKIE-WALKIE : promenade-bavardage. GB : *walkie-talkie*. Terme démodé, la chose aussi. On disait **converseur radio, taloual, zézette.**

● TALK-SHOW : spectacle de conversation, **table ronde, causerie-spectacle, débat-spectacle, plateau-débat, émission-débat, télé** ou

radio-parlote, conversade (Belgique), **jaspin,** causerie, bavardage, joli mot d'argot. *Le jaspin de Jospin sur Canal+.*

TAMPAX®

tampon, tampon périodique, ☺ **temps pas sec**

TANK

❶ **réservoir, bassine, citerne;** ❷ **char, char de combat, d'assaut, engin blindé, blindé, auto-camion blindé, automitrailleuse.**

TANKER

bateau-citerne, navire-citerne, pétrolier, butanier, méthanier.

TASK-FORCE

force de pensée ☺ **obus de pouvoir** ❶ **unité d'intervention, équipe spéciale,** ♥ **commando cogitant;** ❷ **groupe d'action, de travail, d'étude, comité de réflexion, conseil des têtes, cercle de réflexion, université d'été.** ☛ *think tank, brain-drain*

TAXI-GIRL

entraîneuse (de cabaret), **échassière, bouchonneuse, poule. Divertissement** *La poule attend au bar, la dinde à la maison.* ☛ *call-girl*

TEAM

équipe, cordée, groupe.

TEASING

aguiche, aguichage publicitaire.

TEEN-AGER

jeunette, midinette, choupinette, nymphette, cadette, poulette, pucelle, jouvencelle, adolescente, tendron, benjamine, décagénaire, quinzagénaire, ado, jeunot, damoiseau, puceau, jouvenceau, éphèbe, cadet, novice, benjamin, blanc-bec, béjaune. ✍ **p'tit nageur** ☛ *tween*

TEE-SHIRT: maillot en forme de T

tricot ou **maillot de corps, maillot de coton, marcel, coton ouaté** (Québec), **singlet** (Belgique, Zaïre), **camisole** (Wallonie), ♥ **maillot-souvenir**: tricot de corps évoquant un nom, un événement. 🗣 **tricoton**.

TELESHOPPING

téléachat, ♥ **bellemarderie**: Pierre Bellemare promut le téléachat sur TF1.

TENNIS

de 🕊 **tenets**/tenez! jadis lancé avant la balle au jeu de paume, **paulme-raquète.** *Corneille était doué à la paulme-raquète* Boris Vian, *Vercoquin et le plancton.*

🕊 TEST

du latin *testum*, pot de terre servant en alchimie à tester l'or

essai, mise à l'épreuve, ballon d'essai. *Ce gouvernement aime bien lancer des ballons d'essai pour tester ses projets.*

TESTING: ❀ **testage**: méthode de mise en évidence d'une discrimination à l'embauche.

THINK TANK : réservoir de pensée

❶ vivier d'idées, boîte à idées, labo d'idées, ♥ cogitoir, phosphoroir, pensoir, ☺ élaboratoire ; ❷ cercle ou groupe de réflexion, têtes chercheuses, société de pensée, ♥ clœube de cogitance, ☺ réseau pensant. ☛ *brain trust, task force*

THRILLER

frissonneur, effrayeur. EU : *thriller-diller.* **polar, film policier, roman noir, roman** ou **film d'épouvante, d'horreur, de terreur, roman, pièce, film à suspense, Série noire, Fleuve noir,** ☺ **sornettes d'alarme** Noctuel, ☺ **chaud effroi** Claude Aziza, ☺ **abracadavrant.**

TICKET

d'estiquet, **billet, coupon, reçu, bon, contremarque, titre de rationnement,** **ticson.**

TIE-BREAK : cravate enserrant le cou

jeu décisif, départage, bris d'égalité.

TILT

❶ **déclic, signal d'échec, arrêt prématuré ;**
❷ **interruption, extinction.**

TIMING

❶ **calcul du temps, durée, minutage, chronologie, chronage, délai déterminé, temps imparti,** ♥ **compte-heures.** *Le compte-heures, c'est le sablier du temps.* ❷ **cadence, tempo.** *Être dans le bon tempo, la bonne cadence.* ❸ **horaire, emploi du temps** ☛ *planning* ❹ **synchronisation ;** ❺ **programme, programmation ;**
❻ **échéancier, calendrier.** *Un calendrier serré.* ☛ *planning*

TIPP-EX®

de l'allemand *tippen*, taper à la machine, et du latin ex, hors de : **correcteur liquide, efface-encre** (Belgique), **effaceur, stylo correcteur.**

TOAST

de ⚜ **tostée toste**, tranche de pain grillée au Moyen Âge. ❶ **tartine grillée, rôtie.** *Un plat soleil d'été tartinait ses rayons sur la plaine séchée ainsi qu'une rôtie.* Verlaine, *Jadis et naguère.* ❷ **santé.** Coup bu à la santé de quelqu'un. **brinde** d'*Ich bring dir's* : Je te porte la santé, d'où brindezingue.

TOASTER : ❶ **grille-pain, tosteur** ; ❷ **porter une toste, boire à la santé de.**

TONER

encreur, cartouche d'encre pour imprimante d'ordinateur.

✻ ✻ TOP : pointe

❶ **haut, sommet, cime, faîte, comble, sommet, summum, apogée, zénith, pinacle** ; ❷ **meilleur, quintessence, crème, dessus du panier, haut de l'affiche, haut de l'échelle, fin du fin, nec plus ultra,** être au top : **en pleine forme, magnifique, rayonnant, au mieux de sa forme, au sommet de son art,** *Solution tip-top* : **ad hoc, idéale, adéquate, parfaitement adaptée.**

TOP EXECUTIVE MANAGER : **dirigeant, haut dirigeant.**

TOPLESS : sans le haut, **seins nus, à l'air, dépoitraillée.** ☛ *monokini*

TOP MODEL : modèle du haut, **mannequin-vedette, modèle mondial,** ✻ **modelon** mode + modèle + étalon. *Claudia Schieffer et Naomi Campbell : des modelons de rêve.* ☹ **taupe-modèle** : mannequin qui a fait son trou. ☛ *cover-girl*

TOP NIVEAU : calque de *top level*, **niveau supérieur, degré le plus élevé, la plus haute période, point culminant.**
TOP SECRET : haut secret, **secret absolu, très secret, ultrasecret, archisecret, motus,** 🕊 **sous chape,** ☹ **taupe secrète.** Espion terre à terre enfoui dans le milieu qu'il observe.
TOP TEN, FIVE, THREE : **dix premiers, dix suprêmes, quinté de tête, trio médaillé, podiumé.**

△ TOUCHY

Ce germano-pratinisme ne veut ni dire « touchant » ni « ce qui a de la touche », mais **délicat, sensible, épineux** en parlant d'un sujet, ou **susceptible, chatouilleux** sur, **ombrageux** en parlant d'une personne.

✱△ TOUR OPERATOR

❀ **voyagiste.** *Les clients du voyagiste sont des géographicionados.* **organisateur de voyages, agent de tourisme, marchand de tourisme,** ♥ **touristier, tourdumondiste, itinériste, circuiteur, excursionnaire, pérégriniste, vacanciste, vacancengroupiste, bourlinguiste, exotiseur, croisiériste, périplier, odysséiste, himalayeur, sahariste, safariste, sportsd'hiveriste, écobaladiste, ethnovoyagiste.** Et demain le **cosmotouristier** ?

TRADER : commerçant, négociant

❶ **négocieur.** c'est le terme juste : la profession dit *négoce des actions.* **courtier en Bourse, opérateur de marché financier, de salle de marché ;** ❷ **spéculateur boursier, flibustier de la finance, boursier-escroc** Aurélien Scholl, ☺ **tête à CAC** François Reynaert.

💣* TRADING

commerce, négoce, transactions, échanges, affaires.

TRAINING

➊ **entraînement** sportif, ➋ **apprentissage, formation continue,** ☛ *coaching* ➌ **survêtement** d'entraînement.

💣* TRASH

déchet, poubelle. Mot à jeter à la poubelle. ➊ **racaille, margouillis**; ➋ **dégoûtant, ordurier.**

☠ TRAVELLER'S CHECKS®

GB: *traveller's cheques,* **chèques de voyage, chèques de voyageur** (Québec).

☠ TRAVEL(L)ING

fait de voyager. EU: *travelling shot*: prise de vues en mouvement, *dolly* ou *tracking shot*: chariot ou rail de prises de vues.
➊ **baladage, chariot-cinéma, va-et-vient, panoramique, balade** Marcelle Auclair, **travelingue** Marcel Aymé, **travelin** San Antonio. *Ce cinéaste abuse des travelins.* ➋ **survol, vue d'ensemble, panorama, vue spectrale.**

💣* TRAVEL RETAIL

❀ **commerce de passage, de transit, d'itinéraire, de trajet, magasin, boutique, kiosque** ou **borne de gare, d'aéroport, de bord, d'escale, d'essencerie, de métro.**

TREND

➊ **tendance, tendance de fond**; ➋ **mode.**

TRENDY : tendance ☛ *fashion*

TRIP

voyage. Voyage imaginaire sous l'effet de la drogue. **rêve**, **hallucination**, **défonce**.

☠ **TRUST**

de *trust company*, société de confiance ♥ **treuste**, **fiduciaire**, **entente** ou **combinaison financière**. ☛ *holding*, *pool*

☠ TRUSTER : ❶ **concentrer**, **cartéliser**, **monopoliser** ; ❷ **cumuler**, **accaparer**, **s'emparer** ; ❸ **noyauter**, **cadenasser**, **verrouiller**.

TUNING

mise au point, accorder d'un instrument ❶ **accord**, **sélecteur** de bandes ; ❷ **bolidage**, **personnalisation** d'une auto ; ❸ **harmonisation des cursus**.

TUPPERWARE®

protège-bouffe, **boîte-manger**, ♥ **plastigamelle**.

TURNOVER

❶ rotation ❀ **taux** ou **cycle de renouvellement**, **taux de rotation**, **renouvellement du personnel**, **volant de remplacement**, **noria**, **chaises musicales**.

❷ chiffre d'affaires

TWEEN

pré-ado (moins de 12 ans), **pré-pubère**. ☛ *teen-ager*

TWEET

gazouillis. Forme brève d'expression numérique ne devant pas dépasser 140 signes. **gazouillis** (Québec), ♥ **pivoterie**: touite de qualité, comme ceux de Bernard Pivot. ♥ **touite** d'où: **touiter, touiteur, touitage,** ☺ **haïcul**: touite porno.

TWEETER: gazouiller ❶ **gazouilleur.** *Le touiteur est un gazouilleur numérique.* **touiteur** ☺ Internaute se comportant de manière intouitive. *Les touites de Bernard Pivot en font un touiteur émérite.* ❷ **touiter.**

TWIN-SET

chandail-veste, coordonnés, deux vêtements assortis. **ensemble,** veste et polo par exemple.

TWIST: tortillage, torsion,

touiste ☺ *Le danseur de touiste s'appelle le touistiti.*

U

UFO

ovni: objet volant non identifié. **soucoupe volante, engin extra-terrestre.**

UFOLOGIE: **ovnilogie.**

UNDERGROUND

souterrain, **hors circuit, marginal, inofficiel, d'avant-garde, contestataire, contre culturel, subversif, conspirateur, franc-tireur, secret, caché, dissimulé, clandestin,** **samizdat.**

UNDERSTATEMENT

sous-entendu ❶ **litote, euphémisme, amoindrissement des faits, antiphrase, langue de bois**; ❷ **accord tacite.**

UNDERWEAR

sous-vêtement, **dessous, frous-frous.** ☛ *wear*

UNIVERSITÉ-PARKING

voie de garage universitaire, faculté-croupion, ☺ **études fac-tices.**

UNPLUGGED

débranché, **guitare sèche, à l'acoustique.**

☠ UPÉRISATION

d'*uperization*, ultrapasteurisation, **haute pasteurisation, pasteurisation, stérilisation UHT, vapeurisage, surgelage.**

UPGRADE

mise à niveau d'un système informatique, **actualisation, mise à jour.**

UPLOADING

❶ **envoi, expédition**; ❷ **téléchargement,** ❀ **téléversement** (Québec). Expédition de données numériques.

V

VAMP

de **vampire**, popularisé en 1915 par le film américain *The Vamp* avec Theda Bara, **femme fatale, beauté ravageuse, séductrice, enjôleuse,**

sirène, allumeuse, bombe, ensorceleuse, croqueuse de diamants, ♥ **diamantophage, dévoreuse d'hommes** Michel Déon, ☺ **croque-monsieur** R. David, ☺ **saigneuse**
en souvenir du vampire qui se faisait appeler Mon Saigneur, ☺ bohème-hyène: femme artiste déchiquetant ses amants.

VAN

bétaillère, fourgon, fourgonnette, camionnette, caravane. ☞ **vent, vend, vanne**

△ VANITY-CASE

valise vanité, mallette de choses futiles. Coffret de dames leur servant de nécessaire de toilette. Aux EUA: coiffeuse ou table de toilette. **coffret de toilettage, Valibelle** (Belgique), armoire et salle de bains portatives. Albertine Sarrazin, *L'Astragale.* 🔊 **baise-en-ville,** ☺ **plaise-en-ville**
Lola trimballait toujours son plaise-en-ville qui lui donnait de la contenance.

VENTE-FLASH

Opération impromptue pour faire profiter les chalands de prix avantageux durant un bref moment dans un grand magasin ou un supermarché. **vente-éclair, vente surprise.**

VÉRANDA

Galerie couverte, adossée aux murs des grandes maisons de style colonial. **varangue** (île Maurice), **auvent, galerie à auvent, portique.** *J'ai longtemps habité sous de vastes portiques.* Baudelaire, *Les Fleurs du mal.*

VIDEO ON DEMAND ou VOD

vidéo à la carte, vidéo sur ou à la demande, à la séance. ☛ *pay-per-view*

VINTAGE

de vendange ou vin d'âge ❶ récolte, cuvée, millésime ; ❷ millésimé, d'époque, cru classé ; ❸ tirage d'époque en photographie ; ❹ original en musique ; ❺ vieux-neuf, rétro chic. *Le vieux-neuf, c'est du rétro chic.*

VIP

gens très importants ☺ **vraies importantes personnalités** ou **vraisemblables importuns personnages** ? **personnages en vue, personnalités de marque, haut placés, dessus du panier** peu reluisant parfois en dessous, **célébrités, hautesses, sommités, importants, puissants, huiles, têtes couronnées, gotha, mandarins, notoriétistes, grands mamamouchis, gros bonnets,** **grossiums, privilégiaires.** *Les grossiums sont les privilégiaires des plateaux télé.* ☺ **houzehouzés** ☛ *Who's Who*, les **hauts d'en haut** (Burkina-Faso), **coqs de paroisse** : gens importants dans le village. ☺ **vieilles pies.** *Les vieilles pies sont les coqs de paroisse du village médiatique.* ☺ élitres : célébriétés adonnées à l'éthylisme mondain. ☛ *people*

VOIX OFF ou VOICE OVER

voix hors champ au cinéma, **voix hors micro** à la radio, **voix en surimpression,** ♥ **outre-voix.** *L'outre-voix semblait venir d'outre-tombe.*

W

☠ WAIT AND SEE

GB: *let's wait and see.* attendre et voir. **temporisation, attentisme, faux-fuyant diplomatique, attitude d'expectative, valse-hésitation, atermoiement, procrastination, On attend de voir. C'est selon. Il est urgent d'attendre. Pas de problème qu'une absence de solution ne règle pas. Advienne que pourra! À Dieu va! Quant-à-soi**: attitude réservée et distante. **buridânerie** de Buridan, âne symbolisant l'indécision, l'inaptitude à choisir. ✍☺ **Moët Hennessy**

WALKMAN®: marcheur

❀ **baladeur**: superbe trouvaille: mot formé sur **balade**: la marche et **ballade**: la chanson. *Le jogueur court, baladeur collé aux oreilles.* 📢 **oreilles de Mickey,** ♥ **péripatétophone, ambulophone, audiopède,** 🗣 **sonambule.**

WANTED

voulu, **recherché, ennemi public, tête mise à prix.**

☺ WARE

article manufacturé. *Ware* entre dans la composition de *groupware*: **collecticiel,** *hardware*: **matériel,** *software*: **logiciel,** *firmware*: **microprogramme,** *freeware*: **logiciel public,** *shareware*: **partagiciel**...
Le suffixe **ouaire** circule aussi dans les milieux autorisés: **abreuvouaire**: serveur en réseau, **adultouaire**: logiciel mon mari!, **assomouaire**: progiciel compliqué, **aurevouaire**: procédure de sortie d'un ordinateur, **baignouaire**: logiciel nettoyeur du disque dur, **dépotouaire**: poubelle de Windows, **dromadouaire**: bosse

numérique du commerce en ligne, **égoutouaire**: logiciel filtrant les données inutiles, **entonnouaire**: logiciel comprimant les données, **isolouaire**: logiciel de vote électronique, **mouchouaire**: logiciel anti-virus, **offertouaire**: logiciel gratuit, **oratouaire**: logiciel préparant les discours, **purgatouaire**: fichiers en attente, **promontouaire**: logiciel d'observation, **promouvouaire**: logiciel commercial, **rôtissouaire**: salle informatique non climatisée, **suppositouaire**: logiciel de m…, **têted'œufouaire**: logiciel très intelligent, **tirouaire**: logiciel de classement, **tupperouaire**: logiciel de conservation des données, **vatefairevouaire**: logiciel de demande d'augmentation de salaire ☞ *wear*

WARGAME

jeu de guerre, calque de l'allemand *Kriegspiele*. **jeu-de-la-guerre**, **jeu d'ost**, ♥ **ludibel**, **bellilude**, **simule-guerre**, **stratajemie**, **castille**: simulacre de combat. **La flèche et l'épée**® Jeu reproduisant les batailles précédant l'usage de la poudre.

WARM-UP

tour de chauffe.

WARNINGS

feux de détresse, **clignotants de secours**, **avertisseurs**, **catadioptre**.

WARRIOR

guerrier, anglicisme propagé après l'affaire du *Rainbow Warrior*, **guerroyeur**, **belliciste**, **faucon**, **batailleur**,
baroudeur, **boutefeu**, **va-t-en-guerre**, **factionnaire**, **centurion**, **mercenaire**, **reître**, **ratapoil**, **traîne-sabre**, **flamberge au vent**.

WATER BIKE®

Cabine de pédalage dans l'eau pour maigrir de partout : ventre plat, jambes légères, fesses de rêve, ouaouh ! **aquapédalage**, ☺🗣 **véleau.**

WATERPROOF

à l'épreuve de l'eau ❶ **étanche**, ❷ **imperméable.**

WEAR : vêtement, tenue, habit

ACTIVE WEAR : **style du mouvement**
BEACH WEAR : **tenue de plage**
CITYWEAR : **tenue de ville**
CLUBWEAR : **style clœube**
E-WEAR : **cybervêtement**
EVENINGWEAR : **habit de soirée**
FRIDAY WEAR : **tenue du vendredi**
FOOTWEAR : **chaussures**
HOMEWEAR : **tenue d'intérieur**
JEANSWEAR : **vêtement indigo, denim**
KNITWEAR : **lainage**
LEISUREWEAR : **tenue de loisir**
LINGERIEWEAR (*sic*) : **linge de corps**
READY-TO-WEAR : **prêt-à-porter, décrochez-moi-ça**
ROUGHWEAR : **style fruste**
SPORTSWEAR : **tenue de sport**
SURFWEAR : **combinaison de seurfe**
STREETWEAR : **style de rue**
UNDERWEAR : **sous-vêtement, dessous, frous-frous**
WASH-AND-WEAR : **infroissable**
WORKWEAR : **vêtement de travail, bleu de chauffe, salopette**

☛ *ware*

WEB (WORLD WIDE)

toile mondiale, **Toile** ou **Internet**, **Net,** **ouèbe** *Libération*

WEBCAM®

cybercaméra.

WEBMASTER

Gestionnaire d'un site informatique et des services proposés par ce site sur la Toile. ❀ **administrateur de site,** ♥ **ouèbemestre** mot formé comme vaguemestre.

WEEK-END, WEEK ou WE

GB: *weekend.* fin de semaine de l'allemand *Wochenende.* Chez les chrétiens, les juifs et les musulmans, le premier jour de la semaine c'est dimanche, qui en arabe se dit الأحد : le premier. **repos hebdomadaire, congé de semaine, semaine anglaise** elle commençait le travail samedi à midi. ♥ **entresemaine** l'opposé d'en-semaine *Bonne entresemaine* à vous! ♥ **samdim** *Bon samdim*! **dominique** (Bordeaux, Antilles). *Les Bordelais partent le samedi dans leur propriété du Médoc pour y faire dominique. Aux Antilles, on souhaite la bonne dominique.* **hebdopause**: vie ralentie et reposante pendant le samdim. **samedi anglais**: *Le samedi anglais, je mettais mon costume du dimanche.* Henri Calet, *La Belle Lurette.* **Findsem**: *La findsem si vous voulez bien. Sinon, gardez votre vocable anglais.* Audiberti, *Dimanche m'attend.* ♥ **vécande** *Je te souhaite un bon vécampe.* **ouic, ouiquende** Jacques Perret, René de Obaldia, Étiemble, *Le Canard Enchaîné,* **vouécande** San Antonio, **samanche** Yvan Gradis.
WEEKENDER: ♥ **samdimancheur, samancheur.**
WEEK-END PROLONGÉ: **petit pont,** 🗣 **vécance**: vécande + vacances. *Mai, le mois des vécances.*

WEIGHT WATCHERS®: guetteur de poids

♥ **scrute-balance, garde-la-ligne, pondéreur, affineur de silhouette, coupe-faim, amaigrisseur, amincisseur, décoction amincissante, maigromanie, hypocalorisme, diététisme, plat allégé, repas de substitution,** ♥ **ventre-plat.** *Trop de ventre-plat et l'on se retrouve à plat ventre.* ☺ **diète-ethique,** ☺ **embonpoids.** *Souci de diète-éthique, l'embonpoids combat l'embonpoint.* ☛ *Cosmeto Food®, Slim Fast®*

WHISKY

du gaélique *uisge beatha*, eau-de-vie, d'où ✿ **usquebague, usquebac, usbac.** *En écrivant les* Lettres persanes, *Usbeck buvait de l'usbac.* **bourbon** des États-Unis, **rye** du Canada, **écossais** d'Écosse, **whiskey** d'Irlande, **eau de feu** en indien d'Amérique, **essence de feu.** *J'ai enivré vos bourreaux d'essence de feu.* Chateaubriand, *Attala.*

WHISTLEBLOWING

de *to blow the whistle*, tirer la sonnette d'alarme ❶ **dénonciation,** ❷ **alerte professionnelle.**

WHISTLEBLOWER: ❶ **lanceur d'alerte, sonneur d'alarme,** ❷ **dénonciateur, sycophante.**

WHITE-SPIRIT

esprit blanc ❶ **solvant** de dégraissage, ❷ **diluant** de peinture, ❸ **essence minérale.**

WIFI

de *Wireless Fidelity*, fidélité sans fil. Borne ou point donnant accès à un réseau sans fil, permettant aux utilisateurs de terminaux mobiles de se connecter à Internet, accès gratuit ou payant.

WINDOW-SHOPPING

lèche-vitrines.

WIN-WIN : gagne-gagne

relation, accord, stratégie, jeu, **gagnant-gagnant.**

Wonderbra®

soutien-gorge magnifiant, **42 pièces** pour le confectionner, ☺ **poitrimoine.** Soutien-gorge assurant la protection et la mise en valeur des beautés naturelles ou non de la femme. ☺ **seinsationnel,** ☺ **toc-sein.** Soutif qui frappe le regard et laisse sonné.

WORDING

❶ **ergonommage, ergonomie des mots.** Mots choisis pour leur valeur emblématique et significative du contenu d'un service, d'un site informatique en particulier. ❷ **sociolecte, patois social, jargon d'entreprise**

Mots propres à un groupe social ou à une entreprise.

△ WORKAHOLIC ou WORKADDICT

Ce n'est pas un alcoolique au travail, mais un T.O.C.

bourreau de travail, stakhanoviste, moine bénédiction, burineur : celui qui travaille beaucoup, durement. **bourreau d'ouvrage** (Québec), **dogueur** (Belgique), **fou du travail, obsédé du labeur, boulimique du boulot, surtravailleur, ergomaniaque, boulot-dépendant,** ♥ **labopathe, siphonné du turbin, obsédé du taf, toqué du tape-dur, frappadingue du burlingue, brindezingue de la manivelle, prisonnier du boulot** Henri Salvador, ☺ **RTT** ravagé du travail taraudant, **troudogolik** en russe, ☺ **célébriété.** Artiste de renom, acharné au travail et à l'alcool. *Gainsbourg, archétype de la célébriété.*

WORK IN PROGRESS

œuvre en gestation

WORKSHOP

atelier de travail, **atelier**.

WORLD COMPANY

❶ **entreprise mondiale, multinationale imaginaire**; ❷ États-Unis.

X Y Z

☠ X

de *X-certificate* ou *X-rated*, film rayé. Trait de stylo apposé par le censeur de l'œuvre. **visa de censure**. Curieux que la même lettre serve à désigner une grande école prestigieuse et un film porno. ☺ Il faudrait choisir la lettre **Q**!

XL, XXL

Manie venue des États-Unis de désigner par ces lettres romaines les objets ou choses de grande taille. **très large** ou **très très large**, **TL**, **TTL**. Le sens de grand ou très grand donné à ces lettres est étendu à n'importe quoi: *une audience XXL, une famille XL, des épingles à nourrice XXL*... Avantage, selon un dictionnaire en ligne: pas de singulier, pas de pluriel, de masculin, de féminin; un rêve pour les ignorants et les illettrés.

YACHT

du néerlandais *Jacht*, chasseur, **navire de plaisance**, **yack** Stendhal, ♥ **yôte** calque phonique, ❶ **voile dorée**, **caïque**, ☺ **car naval** Léo

Campion; ❷ **neuf-mètres, douze-mètres, yauyau** Calque et antonyme de youyou, petit bateau. *Le yauyau faisait des hauts et des bas sur la mer agitée.* ☺♥ **plaie-anse** Yauyau qui trouble la quiétude des plages.
YACHT-CLUB: **cercle nautique**, ☺ clœube de **plaise-anse**.
YACHTING: ❶ **voile**; ❷ **plaisance, régate, croisière**; ❸ **pratique de la voile, naumachie de plaisance** Jacques Perret, *Du vent dans les voiles.*
YACHTMAN: **plaisancier.** *Un plaisancier plaisantin.*

YANKEE

déformé de *Jan Kaas*, Jean le Fromage, du chirokee *eankke*, esclave, lâche, ou d'*English* dans la parlure des Amérindiens.
❶ **Sudiste**; ❷ **États-Unien, Américain du Nord, Uéssien, Cocalien, Amerloque, Amerlo** San Antonio, **Yanqui** Étiemble, 📢 **Yank, Ricain, coboille, gringo** en espagnol. ☛ *WASP*

YES-MAN

béni-oui-oui, Monsieur Oui (Québec).

YUPPIE

jeune professionnel urbain, **jeune cadre dynamique, jeune loup,** ☺🗣 **rastignaque** Jeune loup à qui tout réussit.

☠ ZAPPER

GB: *to zap*, bouger vite ❶ **zapper, passer d'une chaîne à l'autre, changer de chaîne, télécommander, pitonner** (Québec); ❷ **oublier, ignorer, écarter, éliminer**; ❸ **zappeur.** *Un zappeur fou a la télécommande compulsive.*
ZAPPING: ❶ **saute-chaînes.** *Il jouait à saute-chaînes comme d'autres à saute-mouton.* ♥ **boutonnite.** *Ce télémaniaque souffrait d'une boutonnite*

aiguë. **pitonnage** (Québec) *À Montréal, on pitonne la zappette.* ❷ **florilège.** Sélection et passage des meilleurs moments de télévision.

💣 ZD ou ZÉRO DÉLAI

Méthode de management japonaise caractérisée par cinq zéros : **aucun délai, aucune panne, aucun stock, aucun papier, aucun défaut.**

ZOOM

♥ **zoum,** ❶ **focale variable** ; ❷ **effet loupe, gros plan** au cinéma, **plan serré** à la télévision. ☛ *focus*

☠ ZOOMER : **agrandir.**

ZOOMING : déplacement rapide ♥ **zoumage, grossissement, plein champ, plein cadre, gros plan, coup de loupe, arrêt sur image.**